1500件超の現場を浄化！

はぐれ宮司の事故物件お祓い事件簿

照天神社 宮司
金子雄貴

講談社

マンガ　沙さ綺きゆがみ

はぐれ宮司の
事故物件
お祓い事件簿
宮司さま
本当に…
ふだん通りの装束で
向かった先は
どこの町にもある
ワンルームマンションの
一室でした
来て頂き
ありがとう
ございます

この階に
感じました
死を

…そうですか
こちらが例の
部屋です
死臭が…外にまで
漏れている
じゃあ
あけますんで…

ブーンブーン
モワァ

ブーン
ブーン
布団が人の形に沈んでいる…
布団の上で亡くなったのか
もぞもぞ
もぞもぞ
請求書
親展
この男性の御霊（みたま）を安らかな方向に導きたい

日本でただ一人、事故物件を祓う宮司

事故物件のお祓い宮司の誕生

「事故物件のお祓(はら)いをしてくれませんか？」

今から十八年前の春、唐突に知人からこのような連絡がありました。

「事故物件？」

話を聞くと、マンションの住民が孤独死をして、知人の知り合いである不動産屋さんが対応に困っているとのことでした。

事故物件とは一般に、自殺や他殺が発生した物件、孤独死などにより特殊清掃が必要になった物件などのことです。

わたしが宮司を務める照天(てるてん)神社は、不動産の神様を祀(まつ)っています。しかし、地鎮祭や上棟式が主な奉仕で、事故物件は扱ったことがありませんでした。

返事に躊躇(ちゅうちょ)していると、知人は重ねて、

「いろいろな神社に頼んだのですが、すべて断られてしまったそうなのです」

この言葉は意外ではありませんでした。古くからある神社では、わざわざ〈孤独死や自殺者のお祓いはお断り〉と掲げているところが少なくない、と知っていたからです。

「わかりました。すぐに向かいます」

わたしは初めて事故物件のお祓いを引き受けることにしました。

死臭がする……

神職の装束を身につけ、祭壇を準備し、車を走らせて向かった先は、神奈川県相模原市内のとあるワンルームマンションでした。

周りを見渡せば人々がいつもの生活をしている、どこの町にもある普通のマンションです。ここで一人の人間がだれにも知られずに亡くなったという事実に、まだ実感が湧きませんでした。

マンションの前には不動産屋さんとリフォーム会社の方が、なにかに苛立っているような、おびえているような、沈鬱な表情を浮かべて立っていました。

あいさつもそこそこに、案内されるがままマンションの三階にたどりつき、エレベーターから出た瞬間、いまだかつて嗅いだことのない嫌な臭いを感じ、思わず顔をしかめました。

不動産屋さんを先頭に進むと、臭いが強くなっていきます。その部屋に近づけば近づくほど、臭いが増していきました。

もう、教えられなくても、どの部屋で孤独死が起きたのかがわかりました。

他のなにものにも例えようのない、不快な臭いです。そこから一気に「死」という現実が押し寄せ、ぐっと鼻と喉が締まる感覚がありました。

「これが死臭か……こんなに強烈な死臭が外に漏れているのに、死んでいる人がいることに、今までだれも気がつかなかったのだろうか……」

異様な雰囲気の中、「これは、とんでもないことを引き受けてしまったのかもしれない」と思いました。

これまでのお祓いとはまったく違うのだと悟りましたが、ここまできた以上、「行くしかない」と覚悟を決めました。

体液まみれの悲惨な現場

不動産屋さんがドアをあけると死臭はさらに強くなりました。

雑菌などの危険性があることから、今でこそ事故物件でのマスクの着用は当たり前ですが、当時は弔(とむら)いの場でマスクをするなんて、考えられませんでした。

吐き気をもよおすような強烈な臭いが鼻を突き刺します。

フローリングには水溜まりができていて、びっしょりと濡れていました。

水溜まりの正体は、亡くなった人の体液でした。

警察が遺体を運び出してから、五分と経っていない状況です。

ぐしょ、ぐしょ……。

びしょびしょに濡れた床を歩くたびに、じわじわと足袋に体液が染み込んでいきます。

ワンルームの部屋には、布団が敷かれたままでした。

その上で亡くなったのでしょう。びしょびしょになった布団は人の形に沈んでいました。

あたりをハエがぶんぶん飛び回り、ウジムシが床一面を這っていました。

遺体は死後半年ほど経っていたそうです。冬の間に少しずつミイラ化した遺体が、春の暖かさとともに一気に腐り始めたのかもしれません。亡くなったのは五十代の男性と聞きました。部屋には、空のペットボトルや汚れた衣類、紙屑などのゴミが散乱し、足の踏み場もないほどで、お世辞にもきれいとはいえない状態でした。

テーブルには、請求書や飲みかけの薬が散らばっていました。病気がひどくなっても、金銭的な事情から病院に通えなかったのかもしれません。頼れる人がなく、苦しんで亡くなったのでしょうか。

あまりに悲惨な状況を見て、男性の最期に思いを馳せました。

「ああ、この方はどんな思いで亡くなったのだろうか？　せめて、この男性の御霊を安らかな方向に導きたい」と強く感じたのです。

空気が変わった瞬間

「ここで、お祓いをしてください」

いつの間にか手袋をはめ、目をそむけながら布団を押しのけたリフォーム会社の方に、そう言われました。わたしはその人と入れ替わりに布団があった場所に進みました。一歩一歩近づくたびに、びちゃびちゃと足音がします。

リフォーム会社の方は逃げるように部屋から飛び出ていき、沈痛な面持ちの不動産屋さんは現場に近づいてこようとはせず、遠巻きに見守っています。

わたしは布団があったところに祭壇の準備をし、お祓いの態勢を整えました。持ってきた通常の祭壇は、ワンルームには大きすぎました。床はゴミだらけで、設置に苦労しました。

「畏み畏み申す……祓い給え、清め給え、祓い給え、清め給え……」

特別に用意してきた「祭詞（さいし）」を唱えました。祭詞とは故人を悼（いた）み、物件を清めてお守りいただく旨を、天地の神様に申し伝える言葉です。

祭詞をあげているときも、死臭は鼻を刺激し、マスクをしていない口の中にはハエが飛び込みそうになりました。

臭いや虫に必死に耐えながら祭詞をあげおえたとき、不思議な感覚が全身を貫きました。

カメラのフラッシュが光ったように、空気の層が変わったと感じたのです。

このような感覚を覚えたのは、後にも先にもこのときだけです。

わたしにしかできないこと

お祓いがおわり、玄関のほうに顔を向けると、不動産屋さんとリフォーム会社の方の顔つきが、あきらかに違っていました。まなざしに光が戻り、憑（つ）きものが落ちたようです。

祭壇を片づける間ももどかしく、キビキビと動き出すや、清掃作業を開始しました。

「ああ、無事に祓われたんだな」

彼らのさっぱりした顔を見て、自分のおこなったことの「意味」がわかったのです。

孤独死をされた方は、葬式をやってもらえないことが多いのです。

人生最期の瞬間に独りだった方に「ご苦労さまでした」と伝え、死者と対話し、その人生をねぎらう。それは、宮司であるわたしにしかできないことです。
「役に立った」と思えた瞬間でした。

うなされた夜

こうして初めての事故物件のお祓いは終了しました。時間にして二十分ほどです。帰りの車中は、装束や祭壇にこびりついた死臭に包まれていました。臭いは何度洗濯や洗浄をしてもとれず、この日に使った装束と祭壇は、すべて捨てるしかありませんでした。

その日の夜は、初めての事故物件の現場に衝撃を受けたせいか、悪夢を見ました。死者の霊にでも取り憑かれたかのようにうなされ、「うわあああ！」という、自分のうめき声で目が覚めました。

シャツがべっとりと汗で濡れ、鼻の中にはまだ死臭が残っていました。

事故物件と向き合う覚悟

「自分にしかできない仕事かもしれない」
壮絶な初めての事故物件のお祓いをおえ、わたしは決意をしました。

日本では、毎年多くの人が孤独死や自殺で亡くなっています。それにもかかわらず、当時、事故物件を扱う神社や寺はわたしの知る限りありませんでした。死者を悼み、生きている人に寄り添う、それが神職のあるべき姿だと思います。

いずれの宮司や僧侶、神父などが断るのなら、わたしがやるしかないと強く思いました。

こうしてわたしは、照天神社のホームページの他に、「自殺孤独死物件のお祓い」のホームページを立ち上げました。

令和四年（二〇二二年）の自殺率は、警察庁の調べによると、二万人超。男性は女性の二倍にあたる全体の約六七%をしめているそうです。孤独死は年間三万人に迫る勢いで、今後ますます増えていくでしょう。

わたしが関わった現場でも、孤独死や自殺で亡くなるのは圧倒的に男性が多いのです。なんらかの理由で家族から離れざるを得なかった方、会社での過酷な労働やパワハラに疲れきってしまった方。理由は一言で語れるようなものではないと思いますが、そこには現代の社会を生きる人々の孤独を感じます。

だれにも看取られることなく人が亡くなってしまうというのは、気の毒なことです。そういう人たちに静かに眠っていただければ、という気持ちで、現場に行っています。

日本で唯一の事故物件専門のお祓い宮司

あらためまして、照天神社宮司、金子雄貴（ゆうき）と申します。

二〇〇五年から十八年間、孤独死や自殺した人が住んでいた集合住宅など、いわゆる事故現場のお祓いを専門に奉仕をしております。今までにお祓いをした事故物件は、千五百件以上になります。

事故物件のお祓いを専門におこなっている宮司は、おそらくわたしだけでしょう。日本で一人しかいないということは、孤独死や自殺といった亡くなり方をした人たちが住んでいた多くの場所が、清められることなく、そのままになっているということです。

「なぜ、事故物件という過酷な現場を専門とするのか？」

このように聞かれることが多いのですが、わたしには「社会に生きる人々に寄り添う」という神社が本来あるべき姿をまっとうしたいという強い信念があるからです。

わたし自身も、二十代の頃は職場での嫌がらせやパワハラ、うつ病などで悩んできました。さまざまな壁にぶち当たるたびに「なにくそ」という気持ちで乗り越えてきました。

そうして信念と情熱、真心の果てに、わたしが宮司を務める照天神社は、四坪の小さな敷地から始まったのです。なお、宮司とは神社の神職の代表者のことです。

わたしの仕事は「心の現状復帰」

多くの人の無念な死に触れる中で、苦しみを抱えながら生きる方々にとって、わたしの生き方が少しでも励みになればという思いが生まれました。

宗教なんて、世の中の役に立たないと意味がありません。その時代に、必要とされることをやるべきだと思います。

神様がどうとか、教えがどうだとか、そういう問題ではなく、生きている人であっても死んでいる人であっても、苦しんでいる人がいるなら、わたしは宮司という立場で話を聞いてあげたい。

だれかにとって「背中を押せる存在」でありたいと思います。

それが、今に生きる神社、宗教のあるべき姿だと、わたしは信じています。

お祓いをすることで、事故物件を専門とする特殊清掃の方が作業をしやすくなり、「お祓い証明書」を出すことで、大家さんや不動産屋さんは安心して物件を紹介でき、次の住人が納得して住むことができるようになります。

現在にいたるまで、依頼主からのクレームは皆無です。お祓いの効果を納得してもらい、「本当にありがとうございました」と笑顔で言っていただけています。

特殊清掃の方の仕事が「部屋の現状復帰」ならば、わたしの仕事は「心の現状復帰」といえるでしょう。

こうしている間にも、日本では毎日、事故物件が増えていることでしょう。

十八年前のあの日に「独りで亡くなった方の心をいたわる最後の砦になる」と覚悟を決めました。

その気持ちは、今現在も変わっていません。

本書は、わたしがこれまでお祓いをしてきた、いわゆる「事故物件」と呼ばれる現場や、変わったお祓いの記録です。

二〇二三年五月

照天神社宮司　金子雄貴

人の体液の跡がフローリングに残る、事故物件の現場。

はぐれ宮司の事故物件 お祓い事件簿　目次

第一章 事故物件のお祓い

第二章 現場の怪奇現象

第三章 不思議なお祓い

総扉（P.１）の写真：照天神社の祭壇

本書をお読みになる前に

本書は著者の体験を基にしていますが、亡くなった方や依頼者、関係者のプライバシーに配慮し、一部、脚色を加えています。

また、神道やお祓いに関連する用語の説明は、一般の方のわかりやすさを優先しています。

参考文献

結城康博『孤独死のリアル』講談社　二〇一四年

「週刊実話」日本ジャーナル出版　二〇二〇年二月八日発行号

警察庁ウェブサイト「自殺者数」

FRIDAYウェブサイト「懲役8年…裁判で見えた「ノコギリ惨殺老婦」の複雑すぎる家庭事情」二〇二一年九月二四日

「座間9人殺害・白石隆浩被告獄中インタビュー「死刑受け入れる」二〇一九年一〇月二六日

ビジネスジャーナルウェブサイト「座間9遺体事件現場の部屋も〝お祓い〟した宮司の「事故物件お祓い日誌」二〇二〇年三月一日

デイリーウェブサイト「座間殺人事件のアパートでお祓い　家主・井上尚弥の父が被害者を供養」二〇一七年一二月一四日　他

第一章
事故物件のお祓い

お祓いをする金子雄貴宮司。

一件目 壁にあいた刃物の穴

2LDKの部屋
その床一面に
ビニールシートが
敷かれていました

床は血の海だから

ぐちゅ

気をつけて
くださいね…
滑りますから

ところで…
壁になにか
ありますね

この細長い三角形の穴です

ああ…それ

包丁を刺した跡の穴です

他の場所にも穴が！

いや…壁中に包丁の跡がある

何カ所も

何カ所も

何カ所も

殺人現場のお祓い

二〇二〇年の八月に、東京都新宿区で壮絶な現場のお祓いをしました。

とあるマンションの一室で遺体が見つかったのでお祓いをしてほしい、という依頼でした。

「賃貸物件なので、一刻も早くお清めをしてもらいたいのです」

依頼者である不動産屋さんは、警察の検証がおわったら急いでリフォームをして、間をあけずに次の人に貸したいということでした。

薄情に感じられるかもしれませんが、大家さんや不動産屋さんにとって、自殺や孤独死によって事故物件となることは、迷惑以外のなにものでもありません。

死者を悼むためというよりは、自分たちと次の住人を安心させるためにお祓いを依頼してくるのが実情です。

インターネットで調べて照天神社の存在を知り、すぐに連絡をしてきたそうです。

「どんな現場でしょうか？」

わたしが聞くと、不動産屋さんは少し言い澱んでこう答えました。

「……殺人現場なんです」

そう言われ、急遽（きゅうきょ）、駆けつけることになりました。

血まみれの部屋

現場は繁華街にほど近い、住宅街にあるマンションの三階でした。

自殺や孤独死の現場には慣れているわたしですが、殺人現場に赴（おもむ）くことはそう多くはありません。現場に入るときは、どうしても少し構えてしまうものです。

玄関のドアをあけると、２ＬＤＫの部屋の床一面に、透明なビニールシートが敷いてありました。

現場の検証もまだ途中ではないかと思われるような物々しい雰囲気で、遺体だけが運び出されており、事件後のままの状態でした。

部屋中に漂っている独特な臭いは、普段の事故物件のお祓いで嗅いでいる死臭ではありません。生臭い、胸がむかつくような、リアルな血の臭いでした。孤独死の現場などでは嗅ぐことのない臭いです。

透明なビニールシートの下は、真っ赤に染まっていました。

血で濡れた床を直接踏まないように、ビニールシートが敷いてあるのです。

「気をつけてください。滑りますから」

クチャッ、クチャッ、クチャッ……

大家さん、不動産屋さんとともに玄関から事件現場に向かって歩を進めるたびに、液体を踏む音が響きます。

足の下のぶにゅぶにゅとした慣れない感触に気味悪さを感じながら部屋を見渡すと、壁のあちこちに血しぶきの跡がついていました。

被害者は、包丁で何度も刺されながらも逃げ回り、全身を刺されて亡くなったそうです。

壁に飛び散った血しぶきからは、事件時の凄惨な様子が伝わってきました。

穴のあいた壁

血だらけの様子が衝撃的すぎたのですが、しばらくして落ち着いてきたので室内をよく見てみると、壁に穴があいています。

5センチメートルほどの細長い三角形で、かなり深そうな穴です。

なんだろう、と近づいて、はたと気づきました。

包丁が突き刺さった穴か……！

見渡すと、壁中に穴がありました。何ヵ所も、何ヵ所も。少なくとも十ヵ所以上はありました。

深くあいた穴からは、ものすごい力が加わっていたことが想像されました。

加害者は包丁で被害者に襲いかかり、逃げられるたびに壁に包丁が突き刺さり、それを引き抜いては追いかけて、再び被害者を目がけて包丁を振り下ろしたに違いありません。

どれほどの怨み、憎しみに突き動かされたというのでしょう。

すさまじい執念を感じました。

被害者の方は、どれほど怖い思いをしただろう、どんなに痛かっただろう、と想像では及ばぬ苦しみを感じ取りました。

大家さんと不動産屋さんは、一刻も早くお祓いをして、次の人に貸し出したいというだけでわたしに依頼をしてきたのかもしれません。

しかし、ここに呼ばれたからには、せめてわたしだけでも、亡くなった方の苦しみ、痛み、無念さに寄り添わなければならないと、強く思いました。

グショグショに血で濡れた床に敷かれたビニールシートの上に、小型祭壇を手早く組み立てました。「小型祭壇」とは、わたしが事故物件などで使用するために特注した、持ち運びしやすい組み立て式の簡易祭壇です。

自殺や孤独死の現場は狭い部屋であることも多く、通常サイズの祭壇ではあまりに使い勝手が悪く、儀式のやりにくさを感じたからです。組み立て式であれば、運びやすく、汚れても掃除がしやすいのです。

　設置が完了し、わたしは慰霊と「清祓い（きよはらい）」の儀式を始めました。清祓いというのは、「霊碍除（れいがいよけ）」と呼ばれる祈願の一種で厄災（やくさい）や穢れ（けがれ）、悪い気など、「悪しきもの」を祓う儀式です。自殺者や孤独死の方の「魂を浄化させる祭詞（さいし）」とは異なるものです。わたしが二十八歳のときに考案した独自の儀式をおこなっています。

「畏み畏み申す……祓い給え、清め給え、祓い給え、清め給え……」

亡くなった方と一対一で向き合いながら、わたしは清祓いの祭詞を読み上げました。

　一言で事故物件といっても、殺人現場というのは自殺現場とは違った恐ろしさがあります。自殺や孤独死を「静」とするならば、殺人は「動」の現場といえるかもしれません。被害者、そして加害者の「念」のようなものが強く残っているように感じます。

自殺者であれ、殺人事件の被害者であれ、わたしができることはひとつしかありません。死者の魂が少しでも安らかになるように、心を込めて祭詞を唱えるだけです。

神に捧げる言葉、「祝詞」と「祭詞」

ここで、「祝詞（のりと）」や「祭詞」の違いについてもご説明しておきましょう。

祝詞はお祝いの儀式で唱える言葉で、祭詞は葬儀やお祓いのときに唱える言葉です。

お葬式などのときに、法華経や般若心経など、僧侶が唱えるお経を聞く機会は多いと思います。しかし宮司が唱える祝詞や祭詞は、神社の行事、地鎮祭や厄祓い、神式の結婚式に参加しないと、あまり接する機会はないかもしれません。

仏教のお経が仏様の言葉といわれているのに対して、神道における祝詞や祭詞とは、神様に奏上する言葉です。

言葉に霊力が宿るという「言霊（ことだま）信仰」をもつ日本では、地鎮祭、結婚式、お宮参り、そして厄除けなど、祭事ごとに神職が祝詞を考え、神様に申し上げ、お願いをします。

ドロドロに溶けた遺体

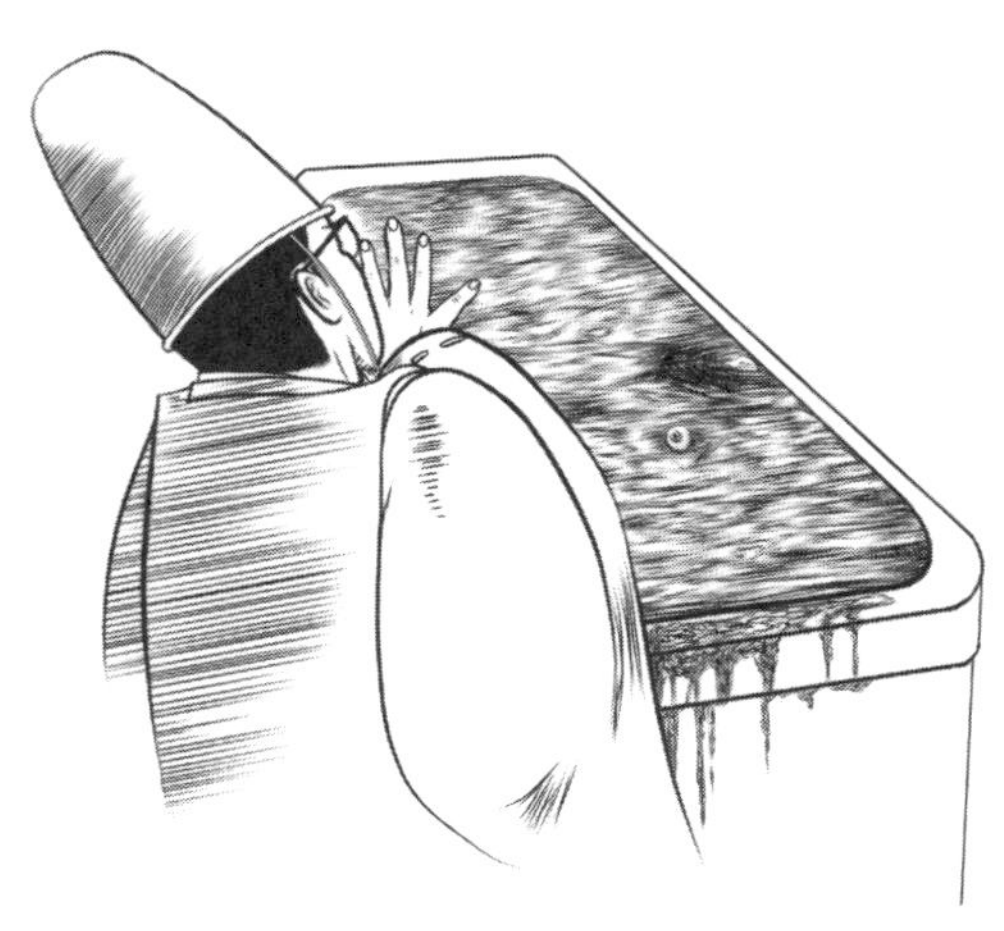

「金子宮司、また事故物件のお祓いをお願いします」

八年くらい前の夏、千葉県流山市の二階建てアパートで、人知れず入居者が亡くなっていたのでお祓いをしてほしい、との依頼がありました。

孤独死や自殺の起きた事故物件のお祓いをするようになり、凄惨な現場であっても多少のことにはなれていました。

しかし、そのアパートの一室は、今までとはまったく違いました。

案内された建物は、どこにでもある単身者用の木造アパートでした。

不動産屋さんに案内されて、大家さん、特殊清掃のスタッフとともに、一階にある2Kの部屋に向かいました。わたし以外は皆、マスクをつけていました。

「こちらの部屋です」

玄関のドアをあけた瞬間、わたしは思わずのけぞりました。

ぶわぁっ……と強烈な臭いが鼻に突き刺さりました。まるで鼻に棒をグリグリと差し込まれているかのようで、鼻血が出そうでした。

その正体は、すさまじい死臭でした。

「こ、これは、ひどい……」

事故物件のお祓いで何度も死臭を嗅いできて、「死臭ソムリエ」と名乗るほど死臭に慣れたわたしでも、臭いだけで腰が抜けそうでした。

ドロドロに溶けた遺体

臭いの発生源は、遺体の発見現場となったユニットバスの浴槽です。

浴室に近づくまでもなく、部屋中に死臭が蔓延していました。

入浴中に亡くなり、お湯につかった体がそのまま腐っていたところを発見されたそうです。

遺体は、司法解剖のために警察がすでに運び出したということでした。

臭いをこらえながら浴室を覗くと、浴槽の水の中には黒い塊が沈み、ひどく濁っていました。

そのとき、わたしは気づきました。

浴室の床に、なにか落ちていることに……。

それは、どろっとした肉の塊のようなものでした。

塊のようなものから、髪の毛や爪のようなものが覗いていました。

浴室には遺体の残骸が散らばっていたのです。

浴槽で亡くなっていたので体はドロドロに溶けていたということですから、警察もすべてを拾いきれなかったのでしょうし、警察官だって人間です。あらかたすくったらさっさと引き揚げたかったのでしょう。

ふと、目玉のようなものがこちらを睨みつけているように見えたときは、ぎょっとしました。

お湯につかった体はまず目玉が腐り、内臓が溶け落ちていき、髪の毛や爪や一部の肉片を残して人の体を保てなくなってしまった……。

遺体が置かれた状況を想像し、強烈な臭いに包まれながら、わたしは胃から込み上げてくる吐き気を必死で我慢しました。

同時に、亡くなった方は、そんな最期を迎えたくはなかっただろうに、と強い悲しみを感じました。

目をそむけてしまう現場

換気扇をいくら回しても、浴室の中の臭いは抜けず、道路側の窓を全開にしました。さらに、特殊清掃のスタッフが脱臭器をかけてくれましたが、まったく効かず、死臭を抑えることはできません。

臭いがきつくて祭詞をあげられず、スペース的にも狭すぎるので、わたしは依頼者に告げて、ユニットバスの外の廊下に祭壇を構えることにしました。

そこから浴槽に向かって祭詞を唱えました。

「畏み畏み申す……」

廊下もひどい臭いですが、臭いはひたすらに我慢をするしかなく、極力、浴槽や床に散らばる肉片が目に入らないようにしました。

それでも、どんな現場であっても祭詞のときは平常心で臨みます。亡くなった方の魂が安らかになりますように、という思いを込めるのみです。

「……祓い給え、清め給え、祓い給え、清め給え……」

無事に儀式をおえ、後は特殊清掃の会社の方たちに任せて部屋を出ました。

この後、部屋はきれいにされ、臭いは消え去り、何事もなかったかのように次の住人を迎えるのでしょう。

自分の車での帰り道、鼻の奥にはまだ死臭がまとわりつき、脳内には浴室の情景が思い浮かび、気分は晴れませんでした。

プロの特殊清掃のベテラン作業員も、浴槽で亡くなった現場は避けたいそうです。

それほど強烈な現場でした。

たくさんの事故物件のお祓いをして、毎回死臭を嗅ぎ、「死臭ソムリエ」なんて軽口をたたいていましたが、それまでの経験がまったく通用しない現場でした。

増える孤独死

マスコミ報道などで「孤独死」という言葉が広がりましたが、実は、孤独死のはっきりとした定義はありません。全国の自治体でもまちまちで、厚生労働省は「孤立死」という言葉を使っています。とはいえ共通するのは、

・持ち家、賃貸にかかわらず、自宅で死亡している
・一人暮らしをしている
・看取る人がいない
・社会的に孤立している
・死後数日以上経ってから発見される

などといったことになるようです。

孤独死というと高齢者というイメージがありますが、最近では三十代から五十代にも増えており、五人に一人が孤独死する社会になっています。

死を社会で受け止めなければいけない時代になっているのかもしれません。

孤独死した方の部屋。うっすらと遺体の跡が残る。孤独死の現場は、ゴミ屋敷になっていることが多い。

隣人も自殺者

平穏な場所で起きた事件

事故物件のお祓いを長くやっていくうちに、全国各地から依頼の声が届くようになりました。新潟や北海道、遠くはアメリカなど海外からも依頼があったこともあります。それだけ、どの宗教であれ、日本には事故物件の現場でお祓いやお弔いをする宗教者がいないということです。

しかし、あまりに遠い場合は、費用を出すからとおっしゃっていただいても、時間や道具の運搬を考えるとお断りせざるを得ません。

十年ほど前の四月、群馬県某所にあるアパートのオーナー夫妻から依頼がありました。照天神社のある神奈川県からは遠かったのですが、車で行ける距離だったので、うかがうことにしました。

そのアパートは、畑の真ん中にぽつんと立っていました。全部で十部屋ある木造の二階建てアパートで、目の前は畑が広がっており、とても景観が美しく、風通しのよい場所でした。窓から地平線が見えるような、開けた一帯です。

そんな事件などとは無縁のようなひなびた場所で、自殺者が出たということでした。

アパートで見つかった遺体

「おそらく冬の間に亡くなっていたようで、最近、臭いで発覚したんです」

そう説明され、案内された場所はアパート一階の一室。

亡くなった時期ははっきりしていませんが、訪れる人もなく発見が遅れ、死臭が漏れ出すと同時に遺体にたかる大量のハエが廊下などに飛び交い、発覚したそうです。

部屋の前に立つと、発見が遅れ死体が腐乱したために例によってひどい臭いがしました。事故物件でのお祓いをするようになり、死臭には慣れていましたが、何度嗅いでも心地よい臭いではありません。

その場から一刻も早く立ち去りたかったのか、不動産屋さんは部屋の鍵をあけると早々に帰ってしまったので、オーナー夫妻の立ち会いのもとで部屋に入りました。

玄関をあけると、ムワッと臭いの爆弾が押し寄せました。

ワンルームの片隅にベッドがぽつんとあり、手前のフローリングの床には、人間の形をした体液の跡がべったりと残っていました。亡くなった方の最期の姿がありありと想像できるような、遺体が倒れていた黒いシミです。

その場所は、上部には紐を吊るせるようなものはなく、首吊りはできない位置でした。

服毒自殺ではないかということでした。

なぜ死を選んだのか、どのような方法で亡くなったのか、現場の状況から察せられることはありますが、興味本位で知ろうとはしないようにしています。

どのような状況かであるにかかわらず、わたしにできることは、ただ死を悼むのみ。

そして、亡くなった方だけでなく、残された方のためにお祓いという儀式が必要とされるから、現場に向かうのです。

いつものように部屋に小型祭壇を組み立て、儀式の準備をしました。


「畏み畏み申す……祓い給え、清め給え、祓い給え、清め給え……」

一連の儀式を滞りなくおえ、わたしが帰り支度をしようとすると、オーナー夫妻がためらいがちに口を開きました。

「すみません、実は、もう一件あるんです」

自殺者の隣人

「もう一件？　どういうことですか？」

わたしが尋ねると、自殺者が出た部屋の隣の部屋も、お祓いをしてほしいということでした。隣人が亡くなっていたのが発見されたというのです。それも、同じ時期に自殺していた……。

そんな偶然があるものか、と思いながらも隣の部屋に向かいました。

同じ間取りのワンルームなので、その部屋にも先ほどの部屋と同じような位置にベッドが置かれていました。そしてベッドの手前の床には、人が倒れていたであろう人間の形をした黒いシミの跡が……。

「えっ……!?」

つい先刻見たばかりの同じ映像を、もう一度見ているような奇妙な既視感に襲われてクラクラしました。

それほど、現場の状況がそっくりだったのです。

依頼者の話では、隣人同士は特につながりもなく、疎遠だったそうです。なのに、同じ間取りの、隣り合った場所で、同じ時期に自殺をしていたのです。

こちらの部屋にも、先ほどとまったく同じ死臭がただよっていました。

現場はどこにでもある木造アパートで、隣人同士はあいさつくらいは交わしたことがあったかもしれません。しかし、現代においてそれ以上の交流がないのは普通でしょう。

長く訪問してくる友人もいなかった孤独な二人が、なんらかの悩みや苦しみを抱えて、壁一枚を隔てたすぐ隣で、同じような最期を迎えていた……。

自殺現場のお祓いはわたしにとってはめずらしくないのですが、二つの遺体の奇妙な一致ゆえに、今も記憶に残っている事件現場です。

なぜ祓うのか

神道に詳しくない人には、お祓いといってもピンとこないかもしれません。

厄祓いや煤（すす）祓いという言葉は知っていても、神主がお祓いでなにをしているのか、よくわかっていない人が多いのではないでしょうか。

お祓いとは、よくないことが続いたとき、罪を犯してしまったとき、家を建てるなど新しくなにかをするときなどに、罪や穢（けが）れなどのよくないものを、心身やものから取り除き、浄化して清らかにすることです。

さらに、空間の浄化作用もあります。

「少し長いはじめに」で、お祓いをした後に、不動産屋さんやリフォーム会社の方たちの憑きものが落ちたようになったのは、お祓いにより空間が浄化されるとともに、亡くなった人やそこにいる人たちの悪いものや穢れが取り除かれたためでしょう。

お祓いにより気分も空間もすっきりとして、新しいことに向き合えるようになるのです。

四件目

輪切りにされた庭木が示すもの

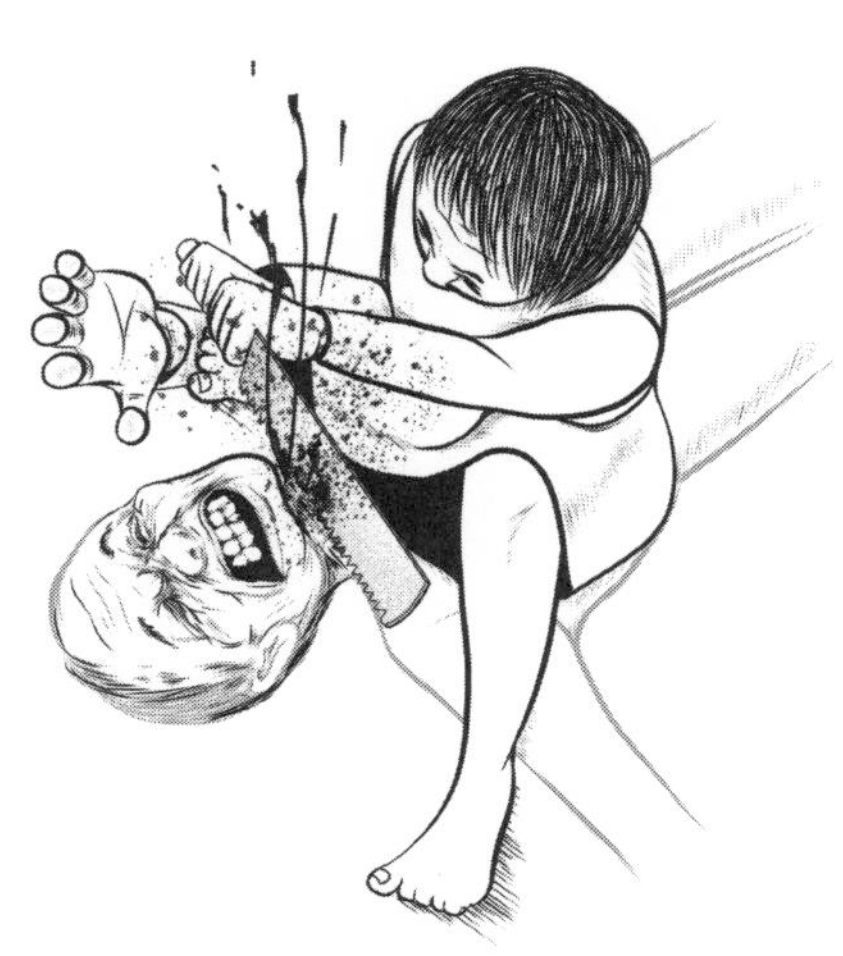

⊠奇妙な庭の木

二〇二一年の秋に、神奈川県茅ケ崎市で起きた殺人現場のお祓いを依頼されました。わたしが訪れたのは、住宅街に立つごくありふれた普通の一軒家でした。築四十年くらいの二階建てで、庭つきの一戸建てです。

依頼者の不動産屋さんによると、妻が夫を殺害したということです。殺人現場ということで覚悟して向かったのですが、自殺や孤独死の現場によくあるゴミ屋敷ということもなく、きれいな外観のお宅でした。

「あれはなんだ?」

庭を見て、わたしは思わずつぶやいてしまいました。

広い庭には、数メートル間隔で木が生えていました。しかし、それらの木にあるはずの枝や葉はありませんでした。

すべての木の枝が払われ、幹が子どもの首の高さくらいで輪切りにされていたのです。

幹だけが残された、丸太のような状態になった木が並ぶのは、奇妙な光景でした。

かわいそうに、この木はみんな枯れてしまうかもしれない。もう庭木を楽しむ気がなかったのだろうか。

輪切りにされた庭木。
写真提供：高橋ユキ

と、このときは思いました。

「家の中はひどい状態なので、玄関でお祓いをしてください」

依頼者から、そう頼まれました。

和室や寝室などの部屋はまだ血のりがひどく、祭壇を置けない状況だということでした。

殺人事件の現場が悲惨であることは過去の経験からも知っていましたので、玄関の前に小型祭壇を設置しました。

祭詞を唱えながらも、先ほど見た整えられた庭木の光景が、なぜか頭から離れませんでした。

「この家は更地にして、売りに出される予定です」

祭詞をおえると、不動産屋さんがわたしに告げました。

輪切りにされた庭木の暗示

事件は、同居している息子が外出しているときに起こりました。

寝ていた八十三歳の夫に七十六歳の妻が馬乗りになって、刃渡り二十五センチメートルののこぎりで喉ぼとけを切ったのです。そして、夫が死ぬまでの二時間あまり、馬乗りになったまま衰弱していく様子を見ていたそうです。

夫はもともと病気があったようで、喉を切られても、馬乗りになった妻を跳ね返す力がなかったと思われます。

妻は、「夫の暴力やお金をわたさないなど、長年の怨みがあった」と供述しています。

それにしても、なぜ、包丁などの鋭利な刃物ではなく、のこぎりなのか……。のこぎりは、刃物の中でもあまり殺傷能力が高いとは思えません。

ひと思いに殺さず、長時間苦しみを与えたかったのでしょうか？

不自然な庭木は、夫を殺すための予行演習だったのでしょうか？

㊙人の怨みの恐ろしさ

お祓いをしてから、数週間が経ちました。

理髪店で待ち時間に置いてあった写真週刊誌を見ていたら「ノコギリ惨殺老婦」という見出しの言葉が目に飛び込んできました。

事件が起きたのは茅ケ崎と書いてあります。

この間の事件現場のお祓いも、茅ケ崎市だったなぁ。

と軽い気持ちでページをめくると、そこに載っている写真に、見覚えがありました。

「これは、わたしが行ったところだ！」

木の枝がすべて切り落とされ輪切りにされた、あの庭を思い出しました。

七十六歳の妻が数十年にわたる復讐で八十三歳の夫を惨殺する。それも庭木を実験台にして……。首を切られた夫の苦しさに同情すると同時に、人間の怨念の強さに、背筋がゾッとし、鳥肌が立ちました。

整然と輪切りにされた庭木の光景は、今でも鮮明に思い出すことができます。

五件目

わたしと座間九人殺害事件

九人の死者が発見された物件

わたしがお祓いした物件の中でも、世間的にもっとも有名な事件についてお話しします。二〇一七年に神奈川県座間市で起きた、通称「座間九人殺害事件」、木造二階建てのアパートの一室で連続殺人が行われ、九人の遺体が発見されたという事件です。

単身者向けのロフトつきワンルームの住人だった犯人の男は、SNSを利用して自殺願望をもっていた被害者たちと交流、金銭目的で自宅アパートに呼び出しては殺害を繰り返していました。十五歳から二十六歳の女性八人、男性一人が犠牲となり、女性たちに性的暴行を加えた罪でも起訴されています。

事件発覚前に行方不明となっていた被害者の一人の捜査の過程で犯人が特定され、十月三十一日に逮捕に至りました。その後の家宅捜索の際に、部屋の中から合計九人もの遺体が発見されたのです。

被害者たちの遺体はバラバラにされ、一部はゴミとして捨てられ、頭部を含む足、腕などの残りがクーラーボックスや収納ボックスで保管されていたそうです。

事件が発覚してからは、この猟奇的な連続殺人事件をマスコミが毎日のように報道していたことをおぼえています。

犯人は逮捕され、裁判の末に二〇二一年一月五日、死刑の判決が確定しました。

マスコミだらけの現場

事件が発覚してから二ヵ月後の十二月、わたしは犯行現場となったアパートの前に立っていました。

事件現場となったアパートの大家さんから、お祓いを依頼されたのです。

大きな事件だったので、わたしは同じく神職である息子とともに事故現場であるアパートに向かうことにしました。

「これはまいった……」

木造二階建てのアパートの前に車で到着したわたしの口から漏れたのは、とまどいでした。

多くのマスコミがアパートの前に集まっていたのです。日本中を震撼させた猟奇的事件の現場ということもあり、仕方のないことかもしれませんが、二十人以上はいたと思います。みなさん、事故現場の写真を撮りに来ていたようです。

アパートに近づくのもむずかしいような状況でしたが、意を決して停めた車から出て、わたしたちは部屋に向かいました。

「どんなお気持ちですか？」

「どのような儀式をおこなうのですか？」

装束を身につけたわたしを見て、神職だと気づいたのでしょう。報道陣から矢継ぎ早にマイクを向けられ、尋ねられました。

質問には答えず、まっすぐに部屋に向かいました。

静かな事件現場

うかがった当日は、まだ警察が捜査する可能性があるということで、部屋の中に入ることができませんでした。

事件が起きた部屋は二階の真ん中の一室でした。ドアが並ぶ廊下はアパートの外からも見える位置にありました。

わたしは二階まで上がり、犯行のあった部屋のドアの前に立ちました。ワンルームのアパートで、隣の部屋同士のドアとドアがすぐ近くにあるのです。壁も薄そうだし、よくこんなところで九人もの遺体を隠しておいたものだと驚くしかありません。

ドアの周囲はきれいでした。

事件発覚後に掃除したのかもしれませんが、普通は落ちているようなゴミや葉っぱや砂などが一切ありませんでした。

異様なほどきれいなだけでなく、孤独死や自殺のあった事故物件のときに漏れ出ているような、強い死臭は感じませんでした。遺体をクーラーボックスや収納ボックスに入れていたため、そこまで腐敗が進まなかったのでしょう。教えられなければ、ここで九人もの人が亡くなったとは信じられません。

マスコミが大勢集まっているのだから周囲は雑然とした雰囲気にもかかわらず、ドアの前だけは、不思議とシンと静まり返った空間のように感じました。

普段の慣れた現場とは違って、異様な雰囲気に包まれていました。

階段の下でお祓い

ドアの前の通路はとても狭かったので、わたしは階段の下の門の前に小型祭壇を組み立てました。そこでいつも通り、大家さんらに祭詞を唱えてお祓いをおこないました。

その後、二階の現場となった部屋のドアの前まで行き、その場を清めて再び祭詞を唱えました。

一連の儀式は黙々と進めましたが、階段下のスペースも部屋のドアも周囲にいるマスコミから丸見えでした。祭詞を唱えている間も、パシャパシャとフラッシュをたかれながら写真を撮られていました。お祓いがおわって車に戻るまでの間も写真を撮られ、マイクを向けられ続けました。

無言を貫きましたが、わたしとしては殺人現場にいることよりも大勢の記者に囲まれたことのほうが怖かったです。

翌日のスポーツ紙やテレビには、わたしの顔がしっかり写っていました。

その後のアパート

世間的にはセンセーショナルな事件でしたし、多くの報道陣に見られながらの儀式というのは過去にない経験でした。

しかし、現場と向き合うわたしの気持ちは意外にも平常心でした。九人もの犠牲者を同時に弔うことは初めてでしたが、孤独死や自殺と同様に、そこで人が亡くなったという事実は同じです。無念のうちに亡くなったであろう被害者の方々の「御霊」が、せめて安らかに眠れますように、と願うしかありません。

その後、このアパートの部屋はいわゆる「事故物件」となってしまったので、破格の安い家賃で貸し出されることになったそうです。

現在では、無事に次の入居者が入り、平穏に暮らしていると聞いています。

物件自体に罪はありませんから、わたしがお祓いをしたことで入居者が落ち着いて生活

できるようになったのだとしたら、うれしく思います。

㉑大家さんの無理解

お祓いにまつわるトラブルについてもお話ししましょう。

アパートの部屋などが事故物件となった場合、不動産屋さんと多くの大家さんは、「少しでも早くお祓いをして、安心して次に住む方に案内できるようにしたい」と考え、照天神社にご依頼をしてきます。

ところがまれに、不動産屋さんがお祓いを依頼するケースで、大家さんに連絡が行っていないことがあります。

あるとき、不動産屋さんの依頼で事故物件のお祓いに向かいました。

不動産屋さんからは、「鍵をポストに入れておくので、お祓いをしたら戻しておいてください」とのことでした。

常装（六十四ページ参照）して一人でアパートの前に立っていると、近所に住んでいる大家さんがわたしを見つけて近づいてきました。そして不審な者を見るような目で、

「なにをしに来たんですか？」

「不動産屋さんから依頼を受けて、お祓いに来ました」

と、丁寧に答えました。

しかし大家さんは、「そんなことは聞いてない」。

さらには、

「目立つ格好でうろうろしないでほしい」

「ご近所に変な目で見られてしまう」

「資産価値が下がる」

畳みかけるように非難の言葉を浴びせられました。わたしがいることで、事故物件だと知られることが嫌なのでしょう。

この大家さんだけではありません。過去には同じような態度をとる大家さんが何人もいました。ときには、露骨に嫌な顔をされて「帰れ!」と声を荒げられたこともありました。「うちは仏教だから」「キリスト教だから」といった宗教上の理由で拒絶するのならわからなくもありませんが、そうではないのです。

悲しいのは、それらの大家さんたちの対応に、亡くなった人を弔う気持ちがはなからないと思わざるを得ないことが、多いのです。

大家さんにしてみれば、場合によっては特殊清掃の代金やリフォームの代金などを負担し、なおかつ家賃が下がってしまうという現実があります。ある意味、被害者ですから、彼らの気持ちがわからないわけではありません。

それでも忘れてほしくないのは、わたしがお祓いをする目的は、亡くなった方の「御霊」を安らかにするためということ。そして、そこで今後も生きる人たちや関わりのある人たちを安心させることです。その中には、大家さんも含まれるのです。

遺族が反対することもある

大家さんではなく、故人のご家族にお祓いを反対されることがあります。

数年前、横浜の新しいマンションで男性の飛び降り自殺があり、マンションの管理組合から、お祓いを依頼されました。

マンションに到着し、いざ準備を始めようとしたところ、男性の妻とご子息がお祓いに嫌悪感を示しました。

このケースも信仰上の理由ではなく、祓うという行為を「悪魔祓い」かなにかのように思われていたためのようです。知らないことで誤解されていたようでしたが、最終的にはお祓いの儀式を執りおこなわせていただきました。

お祓いという儀式は、決して死者の魂を悪いものだから祓おうというものではありません。死者の魂を安らかにするため、そして残された人たちに安心してもらうため、という理解が広がればいいと思っています。

六件目

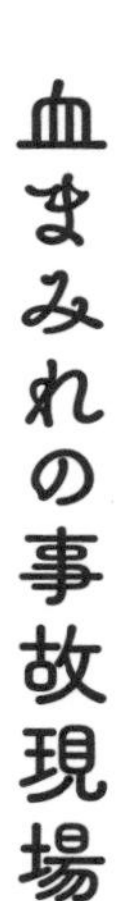

血まみれの事故現場

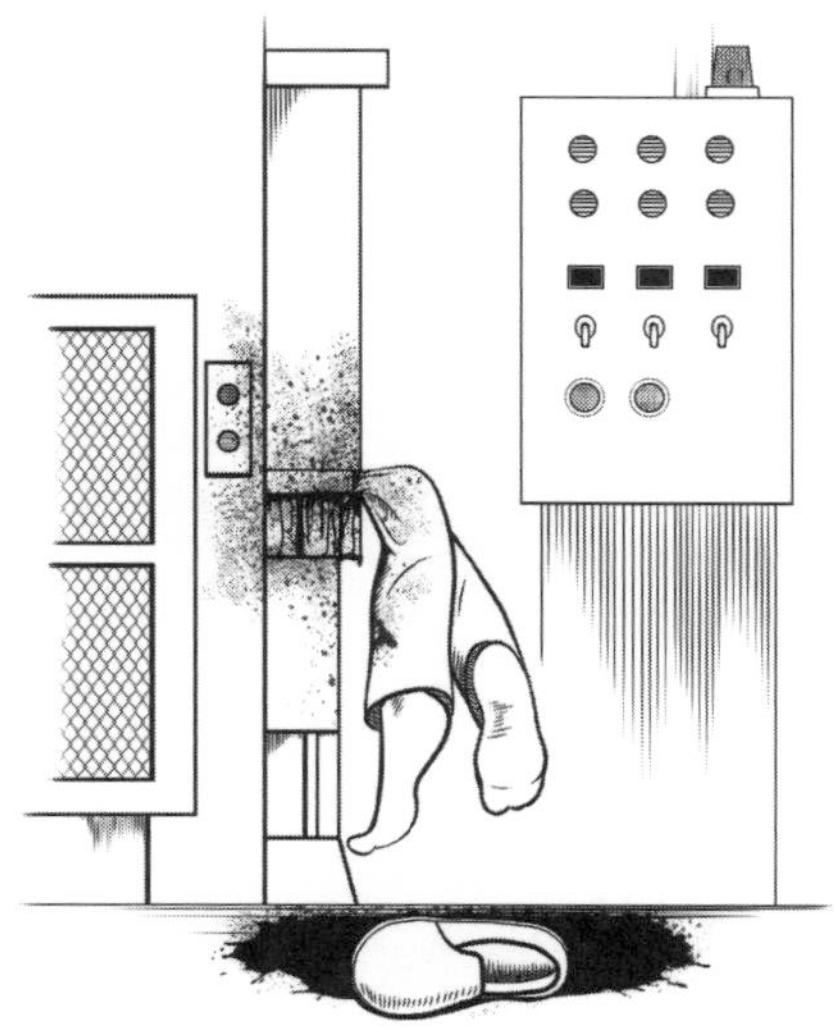

プレス機に……

事故現場のお祓いでは、血まみれの現場に遭遇することがあります。

八年ほど前、千葉県の工場から依頼がありました。

その工場はアルミ缶をプレスする工場でした。

訪れた工場は四百坪ほどの広さでした。現場に足を踏み入れた瞬間、鉄臭い血の臭いがしました。嘔吐しそうになるほどの強い臭いです。

誤ってプレス機に作業員がはさまれてしまい、死亡するという悲しい事故があったのです。

床はまだ血だらけの状態で、ブルーシートも敷いてありません。


べちゃっ、べちゃっ……。


歩くだけで足裏に血の感触がしました。

水をまいて清掃はしてあったものの、ほとんど効果がありません。床は真っ赤な血の海で、事故の凄惨さが伝わってきました。

「このままでは他の従業員が落ち着いて働くことができません」

今後も工場で働く人のためにお祓いをしてほしいということでした。

わたしは、まだ血をしたたらせている機械の前に立ち、血まみれの床の上にシートを敷いて小型祭壇を組み立て、清祓いをおこないました。

不慮の事故で亡くなった方の魂が少しでも休まるようにと慰霊の気持ちを込めて、祭詞奏上をおこないました。

その後、工場は改めて清掃がおこなわれ、きれいになりました。

工場というものは危険がつきものですが、事故で命を落とす方がいても、稼働を止めるわけにはいかないという事情があります。

しかし、そこで働く人たちの心は機械のように簡単に切り替えることはできません。わたしがお祓いをすることで、残された従業員のみなさんが少しでも心穏やかに働ければと願っています。

㊙血まみれの草刈り機

もう一件、血の記憶が生々しいお祓いがあります。

数年前、神奈川県某所にある牧場から依頼がありました。

草刈り機を操作中に作業員が巻き込まれて死亡したという、悲惨な事故が起きたそうです。牧草などを刈り取る業務用の草刈り機には、するどく切れ味のいい回転式の大きな刃がついています。

ある日、一人の作業員が、いつものように草刈り機を操作していました。運悪く、近くで作業をしていた別の作業員がちょうどかがんだところに、振り返った作業員の草刈り機の刃が直撃してしまったのです。

回転式の刃に巻き込まれた作業員の体は、すっぱりと首から切断されたそうです。体からドバドバと血があふれ、現場を目撃した作業員たちの悲鳴が響いたことでしょう。

「このままでは、残された作業員たちが今までと同じ気持ちで仕事をすることはできません」と、工場のときと同様に、今後も牧場で働く人のために、事故現場と草刈り機のお祓いをお願いしたいということでした。

午前中に現場に向かうと、風そよぐ静かな牧草地の風景に似合わない、血まみれの草刈り機が一角に停めてありました。

おそらくそこが事故現場なのでしょう。

まるでときが止まったかのように、草を刈る途中の動作で機械が停止していました。

事故から数日経っていたので飛び散った血は洗い流され、牧草自体はきれいな状態でした。しかし、草刈り機の本体や回転式の刃にこびりついて凝固している大量の血が、事故の悲惨さを物語っていました。

わたしは、血まみれの草刈り機の前に小型祭壇を組み立て、清祓いをおこないました。儀式には作業員の方々全員が参加され、わたしの後ろに並んで黙禱しました。

不慮の事故で亡くなった仲間の魂が少しでも安らかになるよう、祈りの気持ちを込めて玉串を捧げ（六十五ページ参照）ました。

お祓いの作法

事故物件でお祓いをするときは、常装（職務にあたる際の普段の装束）になります。頭に烏帽子（えぼし）、狩衣（かりぎぬ）、差袴（さしこ）という袴を身につけ、手には笏（しゃく）を持ちます。

そして、特注の小型祭壇（小型祭壇については百三十五ページを参照）をその場で組み立て、お祓いの儀式を次のような作法でおこないます。

①修祓（しゅばつ）…参列者、祭壇のお祓いをおこないます。

②降神（こうしん）…祓いの神様を招きます。

③献饌（けんせん）…米、塩、酒、水、野菜、果物などのお供えを神様に捧げます。

④祭詞奏上（さいしそうじょう）…物件を清めてお守りいただく旨を、天地の神様に伝えます。

⑤鎮魂（ちんこん）…火打石（火打鎌に打ちつけると火花が出る石）により、魂を清めつつ切り火で祓います。

⑥四方祓い（しほうはらい）…塩湯（えんとう）（塩水）、切麻（きりぬさ）（切幣）などの祓具により、物件四方の清めをおこないます。切麻とは麻か紙で作られた正方形の小さな紙片で、塩や米などと混ぜて四方に撒き、祓い清めます。

⑦玉串（たまぐし）を捧げる…玉串とは、榊・樫・杉などの木の枝に紙垂（しで）や木綿（ゆう）を麻で結んで下げたものを神前に捧げます。立ち会いの不動産屋さんや大家

さんにも捧げてもらうことがあります。

⑧撤饌（てっせん）…お供えを下げます。

⑨昇神（しょうしん）…祓いの神様にお帰りいただきます。

これでお祓いの儀式はおわります。時間にして約二十分ほどです。一般的な地鎮祭や上棟祭などと同じく、四万五千円をいただいております（二〇二三年四月現在）。

お祓いをおこなうことで、まだその場にとどまっている、亡くなった方の「気」、そして「御霊」に対して「生前は大変だったね」「お疲れさまでした」「しかるべきところへ移ってください」と申し伝えたうえで、すべての気を祓い去ります。こうすることで、新しく住む人に気持ちよく住んでもらうことができるのです。

第二章 現場の怪奇現象

特注の小型祭壇。事故物件に持参する。

七件目 練馬に現れる血まみれの男

ママ!!

ドタドタドタドタ

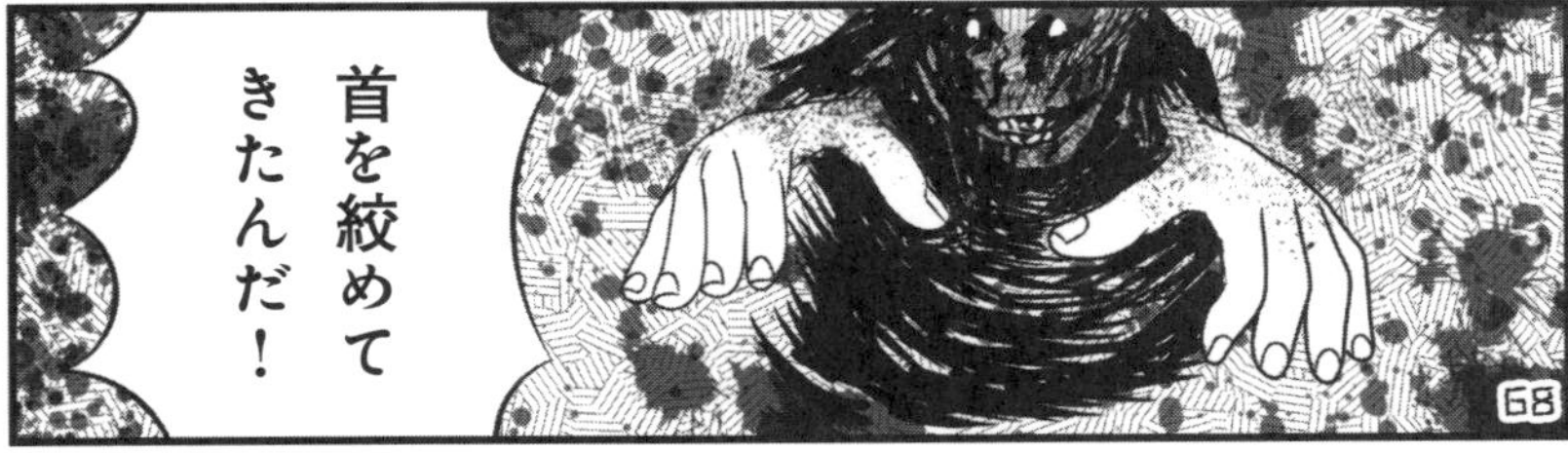

ひいっ!!

ギョロッ

夜になると現れる血まみれの男

「血まみれの男……？」

十年くらい前の春のこと。

照天神社のホームページを見て電話をしてきた夫妻がいました。

電話をとると、切羽詰まった女性の声が聞こえました。

「はい、そうなんです。夜になると血まみれの男が必ず現れるんです。わたしも、夫も、二人の子どもたちも、家族全員が何度も目撃しているんです。どうか、助けてくださいませんか？」

場所は、東京都練馬区の某所。宅地造成（住宅用地にするため山林や農地などを整えること）によって、同じような建売住宅が数軒並んでいました。その夫妻は四人家族で、その建売住宅のひとつを購入して住み始めたばかりだといいます。

血まみれの男が首を絞めてくる！

女性が、夜中になると現れるという「血まみれの男」についていうには——。

引っ越してから一週間も経たないうちだったと思います。

最初に血まみれの男を目撃したのは、子どもたちです。二人とも男の子で、八歳と六歳の兄弟です。子どもたちはいつも、二階の子ども部屋で、布団を並べて寝かせています。

時間は、夜の十一時を過ぎたころでしたでしょうか。子どもたちが突然、大声をあげながら階段を駆け下りてきたんです。二人とも、顔がひきつって真っ青でした。わたしや夫の顔を見たとたん、二人とも泣いて抱きついてきました。

「どうしたの!?」

尋常ではない怖がりようでした。

下の子は泣いてばかりで答えるどころではありませんでしたが、上の子は声を震わせながらはっきりと言いました。

「知らないお兄さんが首を絞めてきたんだ!」

わたしは夫と顔を見合わせ、変質者が二階に侵入したのではないかと震えました。

しかし、夫は二階を隅々まで確かめましたが、だれもいませんでした。窓がこじあけられた様子もなく、だれかが侵入した形跡はありません。

「どんなお兄さんだったかおぼえてる?」

と聞くと、「わかんない、よくおぼえてない」、と二人は言いました。きっと悪い夢でも見たんだろう、とそのときは思いましたが、上の子は最後にぽつりとこう言いました。
「顔はおぼえてないけど、その人の顔、血だらけだった」

ガスレンジに男の生首

次の日も、その次の日も、子どもたちは夜になると、同じ男が部屋に現れる、と訴えました。例の、血まみれの男です。首を絞めてくるときもあれば、部屋の中で追いかけ回されたこともあったそうです。でもわたしたちが見に行くと、だれもいないのです。

子どもたちは部屋で寝ることをすっかり嫌がってしまいました。

わたしも夫も、まさか心霊現象だとは思いませんでしたから、子どもたちがなにか心に問題を抱えているんじゃないかと、とても心配になりました。

だけどついにわたしたちも、血まみれの男を目撃してしまったんです。

夜中にトイレに目覚めたわたしは、洗面所に行ったあと、水を一杯飲みたくなって台所に向かいました。

窓からうっすら外の灯りが漏れていましたから、電気はつけないままコップに水を注ごうとしました。そしたらガスレンジの上に、なにかがのっかっているのがうっすら見えたんです。

スイカとかメロンくらいの大きさの……。

なんだろう、ガスレンジの上にはなにも置いていなかったはず。と思って、電気をパッとつけたら、血まみれの人間の男の生首がのっかっていたんですよ！

「ひいっ‼」

思わず声が漏れました。

するとその生首の目がぎょろっと動いてわたしを見つめました。それから、すぅーっと音もなく消えていったんです。だんだん透明になっていって、あとかたもなく消えてしまいました。

わたしは恐ろしくて、しばらく動けませんでした。

ようやく頭が回転し出して、子どもたちがいっていた、夜に現れる血まみれの男に違いない、と確信しました。

その二日後、夫も夜に血まみれの男を目撃しました。台所で血まみれの男の生首が、ふわふわとただよっていたそうです。大声をあげると、やはりわたしが見たのと同じようにすぅーっと消えていったそうです。

こんなことが毎晩のように続くので、わたしたちは夜も眠れなくなりました……。

すぐにでも引っ越したいのですが、この家を購入したばかりですから、引っ越すわけにもいきません。

それで、わたしたちなりに原因を調べてみました。原因は家そのものではなく、この場所にあるんじゃないかと思いました。

そうしたら、この一帯は、更地になる前は広大な畑で、そこに立っていた納屋で、昔、自殺があったらしいのです。

一刻も早く、神主さんのお力で、なんとかならないでしょうか。

放置された事故物件

以上が、練馬区某所で起こった怪奇現象です。

家族全員が血まみれの男を目撃しているという異常事態に、これはなにかがいるに違いないな、とピンときました。

自殺者がいた土地の上に建てられた、つまりは事故物件ということを聞き、なおさら確信しました。

「わかりました、すぐにうかがいましょう」

わたしは小型祭壇を車に詰め込み、午前中に東京へ向かいました。

到着した現場は日当たりもよく閑静な住宅街で、一見、悪霊が出るような場所には見え

ませんでした。

おそらく自殺者の霊が供養されないまま納屋が取り壊され、畑が整地されて住宅が建てられてしまったのでしょう。

夜な夜な現れる血まみれの男が、その自殺者と直接関係があるかどうかはわかりませんし、安易に霊の仕業だと断定することもしたくありません。

しかし、実際に子どもたちに危害を加える「なにか」がその家に出た、ということは事実です。

生きている人間が安全に暮らせるように、生活を脅かす存在を取り除くことが、わたしの仕事です。

わたしは一生懸命に自殺者供養の祭詞をあげ、この土地の平和と一家の健康を祈願いたしました。

感謝のお手紙

「金子宮司様　その節はどうもありがとうございました！　あれから血まみれの男はまったく出なくなりました。みんな、平穏に暮らしております。子どもたちも夜におびえることはもうなくなり、すくすくと元気に育っています」

後日、ご家族からこのような感謝のお手紙が届きました。お祓いのあと、怪奇現象はピタッと止まり、血まみれの男が家の中に出ることはなくなったそうです。

わたしはほっと安堵しました。

㉑死者の御霊と向き合いたい

お祓いがされないまま事故物件が放置され、その後、住み始めた住人が心霊現象に遭遇するケースが多いように思います。

孤独のうちに亡くなった人の「御霊」が浄化されないまま、現世をさまよい続けているのかもしれません。だからせめて自分だけは「大変でしたね、お疲れさまでした」と「苦しんで亡くなったのだから、しかるべきところへ向かってください」と死者の「御霊」と向き合い、対話をしたいと思っています。

そして、わたしが仕事をするうえでもっともうれしいことが、依頼主からの「ありがとうございます」という言葉です。

八件目

二階から迫りくる謎の足音

一軒家の孤独死現場

現場では、多くの怪奇現象に遭遇しました。

今から六、七年前、東京の立川市にある木造の古い一軒家に、お祓いに訪れたときのことです。

だれにも看取られることなく一人で亡くなった孤独死の現場でした。

家を壊して更地にして売るつもりで、不動産屋さんが購入したそうです。家を取り壊す前にお祓いをしたいということで、わたしに声がかかりました。

季節はちょうど三月くらいでした。道端に少し残雪があったことを覚えています。

お昼前の午前中に、二人の不動産屋さんと待ち合わせて現場に向かいました。

その一軒家は二階建てで、閑静な住宅街の中にポツンと立っていました。

家の持ち主はお亡くなりになってからだいぶ時間が経ってから発見されたそうです。家はだれも手入れをしていなかったためボロボロで、雑草がぼうぼうに生えていました。

コールタールのような死体跡

「二階の部屋でお亡くなりになっていたそうです」

不動産屋さんにそう言われて、わたしは一人、家の二階へ上がりました。階段は一階から二階に上がる途中に左側へカーブを描いていて、ぎしぎしときしみました。お昼近くとはいえ、電気が通っていないので、階段は薄暗く、しんと静まり返っていました。

二階でお亡くなりになったのなら、二階の部屋に祭壇を立てようと思ったのです。

階段を上ってすぐの部屋のドアをあけました。

床にこびりついたコールタールみたいに真っ黒な死体の跡が、最初に目に飛び込んできました。

おそらくこたつに入ったまま亡くなられたのでしょう。掘りごたつのあった場所から床にかけて、真っ黒な人型のシミがびったりとこびりついていたのです。

孤独死して発見されずにいた死体は、急激に腐る場合と、じっくり時間をかけて腐っていく場合と、ミイラ化していく場合があります。

この孤独死の現場では、気温が下がってから亡くなり、発見が遅れたこともあって、おそらくじっくり時間をかけて死体が腐っていったのでしょう。ご遺体はすでに運び出されたあとでしたが、亡くなった方の体液が床に染み込み、漆のように真っ黒なシミになっていたのでした。

そこに、死体はないはずなのに、かすかな死臭が残っていました。

壁には体液か飲み物かわかりませんが、なにかのしぶきの跡もあり汚れていました。

多くの場合、だれかに助けを求めたくても、知り合いもいないし、お金もない。孤独や病気の苦しみに耐えて、たった一人で死んでいくのが、孤独死です。

こんなにさみしい死に方は他にありません。

床に染み込んだ真っ黒な人型のシミを見て、この部屋で亡くなった人の「気」がただよっている気がして、わたしはいたたまれない気持ちになりました。

二階から迫りくる足音

「ここで祓うのはちょっとむずかしい……」

二階の部屋は四畳半ほどで狭かったので、わたしは部屋のドアをあけたまま一階に下りて、ちょうど階段の真正面に小型祭壇を組み立てて、お祓いをすることにしました。

祭壇越しに見える階段の先の薄暗い二階に向けて祭詞を読み始めたところで、

ドンッ、ドンッ

という音が正面から聞こえてきました。

だれもいないはずの二階から何者かが下りてくる足音のようで、だんだんこちらに近づいてきたのです。

足音に合わせて、階段の横にある食器棚のガラスががたがたっと揺れました。

不動産屋さんたちをちらっと見ると、二人ともあきらかに音が聞こえているようで、青ざめて震えています。

もちろん薄暗い階段には、だれの姿も見えません。

ドンッ、ドンッ、ドンッ、ドンッ

あきらかに上からなにかがやってくる!

そう思った瞬間、鳥肌がブアーッと立ちました。

しかし、途中で祭詞をやめるわけにはいきません。

階段を下りてくる足音は、わたしのほうへゆっくりと近づいてきました。

霊を一喝

しかし、ここで慌てふためくようでは、プロではありません。わたしは少しだけ祭詞を中断し、後ろの不動産屋さんに聞こえないくらい小さな声で、姿が見えない足音の主を一喝しました。

「人が祓っているときに下りてくるんじゃない！」

するとわたしの一喝が効いたのか、

ドンッ、ドンッ、ドンッ、ドンッ…

と、足音が二階へと遠ざかっていったのです。

その後は、いつも通りにお祓いを済ませることができました。

「さっきの音はなんだったんだろう……」

不動産屋さんの一人がそうつぶやき、一人が声もなくうなずきました。びっくりしすぎて、それ以上の言葉が出ないようでした。

二人とも、今のできごとについてこれ以上深く語ろうとはしませんでした。

伊豆の豪邸の怪奇現象

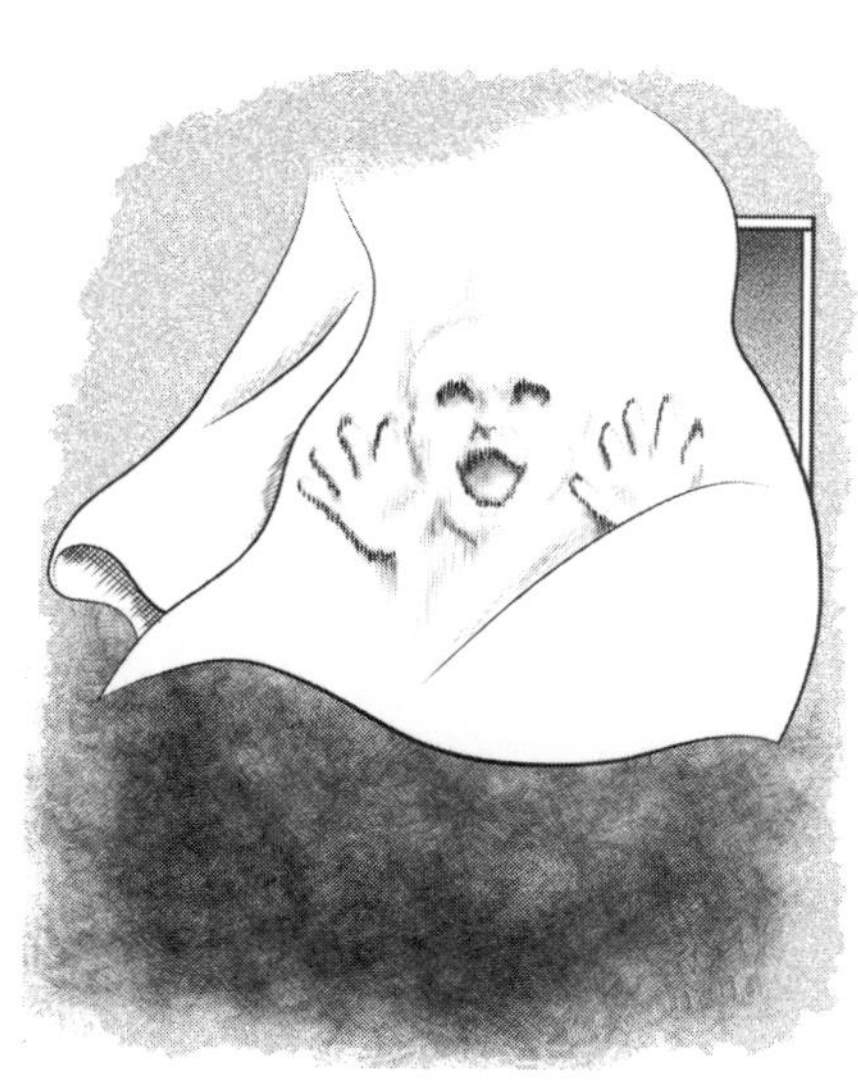

扉をノックする霊

ふだんは神奈川・東京近郊を中心に活動していますが、依頼によっては遠出をすることもあります。

伊豆にお祓いに行ったときのことです。

二〇二〇年十一月の秋のある日でした。

「夜になると、部屋をノックする音と、女の子の声が聞こえるので、なんとかなりませんか」

伊豆の某所にある豪邸で一人暮らしをしているという二十代の女性から、こんな依頼がありました。

その女性は東京でOLをしていましたが、株でもうけたので早期リタイアをして、伊豆の豪邸を購入して引っ越してきたそうです。もともとは地元の有力議員が住んでいた二百五十坪の豪邸を、格安で買い取ったとのことでした。田舎暮らしに憧れていて、釣りと猟を楽しみながら充実した日々を送るつもりだといいます。

現地に車で向かうと、まるでドラマや映画に出てきそうな、二階建ての和風の大豪邸が、どん、と立っていました。

手入れの行き届いた和風の庭園。敷地内にある離れの建物。玄関だけでも、わたしが宮司を務める照天神社の社務所がすっぽりと入ってしまうほどの広さがありました。屋敷に入ると、一階はざっと二十畳はあろうかという広々とした居間があり、二階の部屋数は、なんと七つもあるそうです。正直、一人暮らしには広すぎるのではないかと思うほどでした。

「いつもこの部屋で寝ています」

依頼主の女性に案内された二階の寝室は、風通しもよく日当たりのいい空間でした。女性によると、毎晩、この部屋で怪奇現象が起こるといいます。

女性は、臨場感たっぷりに話してくれました……。

誰かがドアをノックする！

女性によると――。

妙だなと最初に感じたのは、住み始めてから数日経ったときでした。

都会にいたころ、夜には道路を走る車の音や、ご近所の赤ちゃんの泣き声とかが聞こえました。でも今は虫の声や、遠くで鳴く蛙の声なんかが聞こえてきて、わたしは毎晩、心地よく眠りに落ちることができていました。

いつものようにうつらうつらし始めたとき、

コン、コン

妙な音がドアのほうから聞こえました。だれかがドアをノックしたような。風の音かな?

そう思いました。でも風の音にしては響いていたような……。

コン、コン、コン、コン

今度は耳をすませていたせいか、先ほどよりも長くはっきりと聞こえました。

気のせいじゃない。

じゃあなんだろう、家鳴りだろうか。さらに耳をすませましたが、今度はしーんとしてなにも聞こえませんでした。

もう寝てしまおうと思って、布団を頭からかぶったら、

「ねぇ、遊ぼう。●●ちゃん、遊ぼう」

という可愛い女の子の声がドアの外から聞こえました。

だれかいる!?

そんなはずはありません。隣近所の家に子どもを見かけたこともありませんし、夜はそもそも窓もドアも鍵をかけていますから、入ってこられるわけもありません。

ドアの外にいる「なにか」を想像しかけて、わたしは頭を振りました。

「●●ちゃん」と呼びかけられた名前は、まったく身に覚えがありませんでした。

わたしは、気のせいに決まってる、と無理にそう思い込み、目をつむって無理やり眠ろうとしました。けれどその不思議な声は時おり、思い出したように「ねえ、●●ちゃん、遊ぼう」……とドアの向こうから話しかけてきました。

小さな子どもが走っていく?

そんな怪奇現象が毎晩、続いたので、わたしは怖いというよりもだんだんイライラしてきました。あの物音のせいで寝つきが悪く、寝不足が何日も続いたからです。

ある晩、ベッドに入ると、

コン、コン、コン

ドアをノックする音が、再び聞こえました。いつもは無視して寝ようとしていたのですが、連日の寝不足のせいでノックの音が耳につき、わたしを苛立たせました。

今夜、確かめてやろう。

そう決心したわたしはガバッとベッドから起き上がり、

「いい加減にしてよ！」

とどなって、部屋のドアをバーン！　とあけました。

すると、

ダンダンダンダンダンダンダンダンッ！

と、姿は見えないのに、なにかがすごいスピードで階段を駆け下りていったのです。

毎晩、物音を立てていた「なにか」でしょう。

そのときはもう、怖いというよりも「正体を突き止めてやる！」という気持ちでいっぱいでしたので、わたしは謎の足音を追ってダンッダンッと階段を駆け下りました。いったいどこへ隠れたのでしょう。

一階の居間についてパッと部屋の電気をつけましたが、だれもいません。

わたしはだれもいない居間に向かって「いい加減にしなさいよ！」ともう一度、どなりました。

そのときです。急に、居間の大きな窓一面にかかっていたカーテンが、もぞもぞと動き出しました。そして、

ぶわぁ～～～～～～っ！


と波のようにカーテンが揺れ動いていきました。

さすがに、自分でも今見た光景が信じられませんでした。居間に風なんか吹いていなかったにもかかわらず、カーテンだけが波々と揺れ動いていました。いいえ、風にあおられる感じではありません。まるで親にいたずらがばれた子どもがカーテンの中に隠れて、逃げていくみたいでした。

小さな、子ども？

そのとき「遊ぼう」っていう女の子の声が聞こえた気がして、背筋にぞっとしたものが走りました。

そのうちカーテンの揺れが止まり、居間は静かになりました。

居間を清祓い

「……こういうことがあったんです」

女性はこのできごとのあと、すぐにわたしに連絡をくれました。その晩のうちにインターネットで調べて照天神社にたどりついたそうです。

夜中にドアをノックする女の子らしき霊と直接関係があるかわかりませんが、聞いてみると、昔、この屋敷の離れの建物で自殺があったそうです。この土地に住んでいた方の関係者だったということです。

この豪邸は、自殺者が出た事故物件ということで、格安だったのです。

事故物件扱いだったということは、ひょっとしたらお祓いがされないまま放置されていたのかもしれません。亡くなった方がきちんと弔いをされずにそのままにされた場所で、心霊的な現象が起きるということはよくあるのです。

事情をうかがったわたしは、女性の話のカーテンが風もないのになびいていく現象のあった居間の真ん中で、清祓いをおこないました。

「畏み畏み申す……祓い給え、清め給え、祓い給え、清め給え……」

念のため、自殺があったという離れの建物にも行き、通常の祭詞を唱えてお祓いをしました。

それ以来、怪奇現象はピタッと止まったそうです。

女性からはその後、感謝の言葉をいただきました。心霊現象が起きた家に住み続ける女性の胆力にも感心しましたが、「これで安心して暮らせます」とほっとされていたのが、なにより印象的でした。

余談ですが、その女性からは去年、もう一度依頼がありまして、豪邸に備えつけられていた古くからある神棚の処分にうかがいました。前回の依頼時にお会いしたときの不安そうな表情はすっかりなくなっていました。生き生きとした笑顔を見て、「ああ、毎日が充実しているのだな」と、ひと安心いたしました。

自分の仕事で笑顔を取り戻してくれる人を見るのは、うれしい限りです。

十件目

女の霊が首を絞める半地下の家

夜中に鳴り響く電話

事故物件が放置され、その後の住人に被害をもたらしたできごとです。

ジリリリリ……！

七年ほど前、夜中にけたたましく電話が鳴り、わたしは飛び起きました。

「どうされたんですか？」

「女の霊が首を絞めてくるんです！　すぐに来てください！」

切羽詰まった若い男性の声が、電話口から聞こえてきました。

電話の主は、東京都豊島区にあるワンルームマンションに住んでいる男性。まだ二十歳そこそこの専門学校生でした。

「落ち着いて。まずは深呼吸してください。そう、そしたらなにが起こったのかゆっくりでいいので話してください」

わたしの呼びかけに少し落ち着いたのか、学生さんは大きくため息をつきました。

首を絞める女

彼が話すには――。

ぼくは今年の三月に上京して、東京の専門学校に通っています。

今、住んでいるアパートは、この地域の不動産屋さんに紹介されました。

日当たりの悪い半地下にある狭いワンルームのアパートなんですが、即決しました。なにしろ、家賃が格安だったんです。東京って、地方に比べてびっくりするくらい家賃が高いですから。東京二十三区内で、しかも山手線の内側にもかかわらず、これだけ安く住めるなんて！　と、ちょっと驚きでした。……これだけ格安だったのには、もちろん理由がありました。

引っ越してから、しばらくは何事も起きませんでした。

東京の暮らしにも授業にも慣れてきて、ああ自分は都会の学生なんだなぁって、しみじみと噛み締めていました。

そんなある晩、夜中に寝ていると、息苦しさを感じてふと目が覚めました。

直前までなにか怖い夢を見ていたのですが、目が覚めたとたん、どんな内容だったのか、なにひとつおぼえていませんでした。起きてすぐはぼーっとしていたのですが、だんだん意識がはっきりしてきました。

寝る前に比べて、なんだか部屋がひんやりしているな、と思いました。首筋のあたりが寒く感じたんです。

うっすら目をあけると、カーテンを閉め忘れた窓の外には光がほとんどなく、月が出ていないのか真っ暗でした。

カタッ

物音が聞こえました。部屋の中からのようでした。

なにか落ちたのかな。

そう思って目だけ動かすと、部屋の隅に、いたんです。

ヒラヒラした白いワンピースを着て、腰くらいまである黒髪の女の人が、ぼうっと突っ立っていました。気配がなく、あきらかに人ではない「なにか」でした。暗かったので顔はよく見ていません。

ぼくはパニックになりかけました。両目をぎゅっと固く閉じて、普通に息をしようと必死に呼吸を整えました。

大丈夫。まだ気づかれていないはず……。

寝ているふりをして、やりすごそうとしました。ところが、

ヒタッ、ヒタッ、ヒタッ

足音もなく、女の人は一直線にぼくの枕元へと向かってきました。目をあけて見たわけではありませんが、目をつぶっていても、なぜか気配を感じたんです。

ヒタッ

ぼくの布団のところまでやってきて、女の人はピタリと止まったようです。枕元に立って、僕の顔を真上からじいっと見つめる、するどい視線を感じました。

これは悪夢の続きだと、必死に自分に言い聞かせました。

祈りが通じたのか、ぼくの顔の上にあった気配がふっと消えたような気がしました。

助かったと思ったぼくは、緊張が解けてほっと息をつきました。

その瞬間でした。

ドサッ

布団の両脇に重みがかかり、重みの分だけ布団が沈みました。

あきらかに、なにかが布団にまたがっています。

それでも、怖くて目を開くことができません。直接見て状況を確かめられず、暗闇の中で恐怖が加速していきます。

顔の真上に再び気配を感じ、突き刺すような冷たい視線をおぼえました。

なにかがぼくを見下ろしているような感覚です。

ヒヤッ

今度は突然、首筋を左右から冷たいなにかでつかまれて、心臓が跳ね上がりました。

その感触は、間違いなく人間の指でした。

思わず目を開くと、女の人の姿をしたなにかが、両手でぼくの首筋をつかんで絞めているのです！

全身にブワーッと鳥肌が立ちました。

ぼくは力の限りに抵抗しようとしましたが、体が金縛りにあったみたいにガチガチに固まり、動かせません。

冷たい指にますます力がこもりました。左右の指が首筋に食い込み、喉が押しつぶされて息ができなくなりました。

「うわあああああ!!」

パニックに襲われたぼくは、悲鳴をあげて気を失いました。

目を覚ましたとき、女の人はいなくなっていました。

どのくらい気絶していたかわかりませんが、窓の外はまだ暗く、夜中でした。夢にしてはリアルすぎました。

死臭が漂うワンルーム

このできごとのあと、学生さんはすぐにインターネットで調べて照天神社にたどりつき、わたしに電話をしてきたのでした。

次の日、すぐに学生さんの住むマンションに向かいました。

「こっちです」

しとしとと雨が降る日でした。

学生さんに案内されて半地下にある小さなワンルームに入ると……。

「うっ」

玄関のドアをあけて、わたしは少しおののきました。

どこからともなく死臭がただよってきたのです。

腐乱死体があるわけでもないのに、なぜ？

これまで数々の事故物件を見てあらゆる死臭をかいできたため、「死臭ソムリエ」を自負するわたしは、すぐにピンときました。

「ここで過去になにかあったんじゃないですか？」

学生さんに聞くと、彼はおどおどしながらうなずきました。

「は、はい。実は、孤独死があった部屋らしくて……」

死臭がまとわりつく部屋

学生さんの話によると、この部屋は事故物件で、前の住人が孤独死していたそうです。事故物件のため格安で貸し出されていたとのことでした。
「不動産屋さんや家主さんは、この部屋の清掃やお祓いをされたのですか？」
「い、いえ。特になにかしたとかは、聞いてません」

「そうですか……」

聞くまでもありませんでした。

何度も事故物件の現場に足を運んでいるわたしの経験から、この部屋にはちゃんとした特殊清掃が入っていないことが、すぐにわかりました。大家さんが清掃代金をけちったのかもしれません。体にまとわりついてくるような死臭が、部屋中にただよっているのです。

一応、窓はあるものの、半地下にあるこの部屋は、昼間だというのに薄暗く、じめじめとしていて、日当たりも、空気の流れも、大変悪いところでした。

わたしは、ここでお亡くなりになった人の「気」をすべて祓い去り、今の住人に気持ちよく住んでいただけるよう、お祈りしました。

「畏み畏み申す……祓い給え、清め給え、祓い給え、清め給え……」

無事にお祓いがおわり、学生さんに「もう大丈夫です」と告げました。

学生さんは半信半疑でしたが、とりあえず様子を見てみるということになりました。

その後、学生さんから「あれから幽霊は出ていません！」と報告がありました。

その部屋で孤独死した人がどんな方かはわかりませんし、女の幽霊と関係があったのかもわかりません。

しかし、心霊現象がやんでうれしそうな学生さんの朗らかな声が、お祓いの成果だと思っています。

気の流れと悪霊

不動産屋さんや大家さんとしても、空き部屋にしておくよりは、安くても借り手を見つけたいというのが本音です。自殺や殺人、事故で人の亡くなった部屋は、買主や借主へ原則として告知義務が発生します。「一組でも入居すれば告知義務がなくなる」と誤解されがちですが、賃貸物件の場合は概ね三年間、売買物件の場合は無期限の告知義務が定められているそうです。

学生さんは、最初から事故物件であることを承知で、格安物件ということで入居を決めました。「家賃が安くていい」ということから、事故物件と知りながら住む方は意外とたくさんいらっしゃいます。

なにもあるわけがない、と思っていたのでしょう。そうしたら何者かが現れて、首を絞められてしまった。

それはどうしてなのか？

「気」の流れというものがあります。

じめじめと湿度が高く、風通しも悪く、景色も悪くて閉鎖された狭い空間には負の気が溜まりやすいといいます。あの部屋にただよう死の臭いに引きつけられて、なんらかの悪いものが入り込んだのかもしれません。

心霊現象を解決できてほっとする一方で、彼が死臭のただよう部屋で平然と暮らしていたことに驚きました。

本来、命はとても重いものであるはずなのに、今回の物件に関しては、死者に対する「かわいそう」「弔おう」といった気持ちが関係者に皆無だったのでしょう。

せめて、きちんと死者を弔い、最低限の清掃をして、新しい住人を迎えてほしいと思います。

十一件目

廃旅館のお祓いと老婆

廃旅館のお祓い

事故物件のお祓いを始めたばかりのころは、まだ現場にも慣れていなくて苦労しました。

わたしにとってはどの依頼も印象深いのですが、忘れられないのは、十四年ほど前、神奈川県厚木市にあった廃旅館の持ち主からの依頼です。

旅館が廃業したあと、建物を管理するためにしばらく管理人を置いていたそうですが、費用がかさむために管理人を雇うのをやめたとのことでした。そのとたんに、旅館とは無関係の人物が不法侵入し、そこでしばらく生活していたようです。

その後、不法侵入者は、廃旅館の一室で亡くなっていました。

管理人を雇わなくなったあとは、旅館の持ち主が一年に一度の頻度で建物の様子を見に行っていたそうですが、そのときに遺体が発見されました。

死後だいぶ時間が経っており、遺体はすでにミイラ化していたそうです。

現場の状況から事件性はないとされ、自殺と判断されました。

これを機に廃旅館を取り壊そうという話になり、不動産屋さんからお祓いの依頼が来ました。

その日は別件のお祓いがあったため、先の一件を済ませたあとに車で向かいました。

そのため現地に到着するのが遅くなり、午後四時くらいになってしまいました。季節は秋でしたので、周囲はすでに薄暗くなっていました。

その廃旅館は、旅館街から少し離れた谷底にぽつんとあり、ほとんど人が足を踏み入れない状態だったので、道路は荒れ放題。車で草をなぎ倒しながら進んでいきました。

車窓にぴちぴちぴちぴち……とあたるほど、雑草が高く伸びて生え茂っていました。

だれも入りたがらない

雑草をかき分けようやく現地に到着したら、不動産屋さんなど四、五名が、廃旅館の入り口で待っていました。

わたしは車から降りてあいさつをしました。

「では、祭壇を組み立てますから行きましょうか」

と声をかけたら、その場にいた全員が「えっ!?」「それはちょっと……」と慌て出したのです。

「どうしたんですか?」

「あの……。宮司さん、一人で行ってきてください」

「えっ、一人でですか?」

山奥の廃旅館での自殺現場ということで、みんな現場に行くのが怖くて、尻込みしているのです。しかも時刻は夕暮れどき。カラスがどこかでギャアギャアと鳴いていて、まもなく日が沈む

時刻です。

現場に一人で向かう

廃旅館はかなり大きな二階建ての建物です。当時はまだ祭壇を小型化していなかったので、一人で祭壇を運ぶには、数回往復しなければならないな、と思いました。

しかし、もともと現場に一人で入ってくれとお願いされることが多く、こうした扱いには慣れていましたので、わたしは一人で祭壇をかついで教えられた場所へ向かうことにしました。

不法侵入者による自殺現場は、旅館二階の廊下の突き当たり、一番奥の左の部屋ということでした。

夕方とはいえ、山の谷底にある建物で、しかも電気はとっくに通っていませんでしたから、建物の中は真っ暗でした。

ギシ……ギシ……

重い祭壇をかつぎながら、二階に続く階段を上ります。

先まで見えない薄暗く長い廊下を、わたしはひたすら進んでいきました。

ようやく廊下の突き当たりにたどりつき、左の部屋のふすまをガラッとあけました。

畳の上の黒いシミ

最初に目に飛び込んできたのは、畳の上に左向きで倒れている人型でした。

一瞬、本当に人が倒れているかと思い、ぎょっとしました。

人の形にかたどられた真っ黒いカビが、古びた畳の上にびっしりと生えていたのです。

人型の黒いシミが隆起して畳の上にもっこりと盛り上がり、かろうじて部屋に差し込む斜陽にぼんやりと照らされていました。

自殺者の死体の跡であることが、すぐにわかりました。

それだけではありません。

部屋は完全に放置状態でしたから、植物があたり一面にはびこっていました。

太い木の枝が窓ガラスを突き破って部屋の中に侵入し、木の枝と葉がぶわぁっと部屋一面に広がり、風で揺れていたのです。

カサカサカサカサカサ……

風が吹くたびに、部屋中の木の葉が一斉に揺れました。

風がないときは、しん、と重たい沈黙が部屋を包みました。

雑草や蔦が、まるで人型の黒いカビを取り囲むように生えていました。

かつて見たことのないほど異様な光景に、わたしは思わず後ずさりしました。

関係者が近寄るのをこばんだ理由がわかりました。


もうお亡くなりになってからだいぶ経つはずなのに、薄暗い部屋には、うっすらと死臭さえ漂っているように感じられました。

部屋がそんな状態でしたから、部屋の中に祭壇を組み立てるのは無理だと判断し、ご遺体があった場所に向かうように、部屋の入り口の廊下に祭壇を組み立てることにしました。山の日が沈むスピードは早く、あたりはますます暗くなっていきます。

ようやく祭壇を運びおえ、祭壇に神籬（神様を迎えるための依り代）を飾りました。続いて米と塩、お酒、水、そして野菜や果物を並べました。

祭詞を唱え、三十分ほどで神事をおえました。

お祓いがおわるころには、手元も見えないほどあたりは真っ暗になっていました。

窓ガラスに張りつく老婆

印象的な光景を目の当たりにして、若干、精神がたかぶっていたのかもしれません。

廃旅館のお祓いをおえたあと、こんなことがありました。

不動産屋さんにお祓いをおえたことを報告し、わたしは車で帰途につきました。もう夜になり、あたりはすっかり暗くなっていました。

信号待ちをしているとき、なんだか異様に鳥肌が立つのです。

「いったいなんで鳥肌が立つのかなぁ?」

そう思って、何気なく横の窓を見たら……。

おばあさんがべたあっと車の窓ガラスに張りつき、わたしの腰のあたりをじっと見つめていたのです!

茶髪で、異様なほど目の大きな老婆でした。

雨の日でもないのに、レインコートのような服を着ていました。

その老婆はまったくまばたきをせず、目をカッと見開いたまま、わたしを一心不乱に見つめてくるのです。

この異様な状況に内心焦りながら、わたしはなるべく老婆を見ないようにして一心に祈りました。

早く青になってくれ、早く青になってくれ……。

信号が青になってさっと車を発進させて、バックミラー越しに後ろを見たら、老婆がこちらを見ながら道路にぼおっと突っ立っていました。

あきらかに、普通に道ですれ違うようなご老人ではありません。車を発進させると、わたしはすぐに落ち着きを取り戻しました。

「幽霊だか化け物だか知らないが、捕まえるしかないな」

そう思い直し、すぐに車を路肩に停めました。

パッと車を降りて老婆を見かけた信号までもどりましたが、だれもいません。しばらく探しましたが、老婆を見つけることはできませんでした。

廃旅館からはそれほど遠くない場所でした。

目撃した老婆が、直接、廃旅館と関係があるかどうかはわかりません。

帰宅後に見た悪夢

まだ事故物件の現場に慣れておらず、廃旅館の異様な光景に衝撃を受けたためでしょうか。

帰り道に、謎の老婆に遭遇したことも原因かもしれません。

その日の夜は、悪夢にうなされました。

夢の中で、わたしは廃旅館らしきところに立っていました。

そこには帰り道で遭遇した老婆がいて、すさまじい形相で、

「うおおおおおおお……‼」

と叫んでいました。

「うわああああああ！」

自分の大声で夜中に目が覚めました。

汗をびっしょりかいていました。

十二件目

マンション飛び降り自殺の駐車場事件

マンションの飛び降り自殺

二〇二二年四月のことです。

東京都港区赤坂のマンションの管理組合からお祓いの依頼がありました。

「飛び降り自殺があったんです」

管理組合の方によると、マンションの住民ではない外部の男性が入り込んで飛び降り自殺をしたそうです。

早速、わたしは現地に赴きました。立地がよいところに立つ、築六十年くらいの古いマンションでした。

その人は、建物の駐車場に倒れていたそうです。車は出払っていたので、住民への被害はなかったということでした。

駐車場の怒鳴り声

管理組合の方は、わたしに事件当日について次のように語ってくれました——。

マンションの管理会社と管理人は、建物の中で起きた事件ではないため、当初は、飛び降り自殺があったことを住民には告知しないと決めていました。

住民たちはなにも知らないまま、その日を過ごしていたのです。

しかし、その日の夜の十一時くらいに現場となった駐車場に一台の車が帰ってきて、車を停めようとしました。

すると、

「そこに車停めんじゃねーよ！」

突然、男性の大きな怒鳴り声が車の外から聞こえてきました。

運転手はびっくりして、車を停めました。すぐに周りを見渡したけれどもだれもいない。

さらに一時間後、先ほどの住人の隣の駐車場スペースを利用している別の住民の方が帰ってきて、車を停めようとしました。

「そこに車停めんじゃねーよ！」

再び男性の怒鳴り声が聞こえました。

車の窓もあけていないのに、しっかりと聞き取れるほど大きな声だったそうです。

怒鳴り声の主はだれ？

声を聞いた二人は、自分が借りている駐車場なのに文句を言われるとはどういうことだろうと疑問に思い、翌日、それぞれ別々に管理人に駐車場で大声を聞いたことを報告したそうです。

そこで初めて管理人が「実は、昨日、その駐車場で飛び降り自殺がありました」と正直に伝えました。飛び降りた男性の落下地点が、怒鳴り声を聞いた二人の住人の駐車スペースのちょうど中間だったのです。

知り合いでもない二人が同じ体験をしたということで信憑性が高まり、マンション内でも話題になりました。

自殺したのは男性ですから、その声とどうしても結びつけてしまいます。

果たして、怒鳴り声の主は自殺した男性だったのか？

自分が命を落とした場所を守ろうとしたのでしょうか。死者となった人に聞くことはかないません。

このままでは「幽霊が出るマンション」と噂になるかもしれない、駐車場を利用し続けることは怖い……管理組合で懸念が広がりました。

「お祓いをしたほうがいいのではないか」

自然とそういう声があがり、マンションの管理組合からホームページを通じて、わたしに依頼がありました。

自殺が起きた二日後、マンションを訪れました。

依頼者である管理組合の方々は、みなさん不安そうな表情を浮かべていました。

彼らに見守られながら、わたしはいつもの小型祭壇を駐車場に設置し、祭詞を唱えました。

お祓いをおえたあとは、みなさんどこかほっとした顔をされていました。

その後、駐車場から男の声が聞こえることはないそうです。

マンションに住む方々が安心して暮らしているのであれば、なによりです。

十三件目
パイプオルガンが鳴り響く家

「霊がいる」

十四年ほど前の四月の春先のことでした。

長く日本に住んでいて、このたび神奈川県厚木市某所に新築の建売住宅を購入されたというペルー人の方から依頼がありました。その方はクリスチャンで、神父さんに物件を見てもらったところ、「ここには悪霊がいます。宮司さんにお祓いをしてもらってください」と言われたそうです。

クリスチャンなのになぜ神式でお祓いを？　と疑問に思いましたが、「日本にいるのだから、日本の儀式でおこなうほうがいいでしょう」という神父さんの勧めがあったそうです。

ペルー人の方はまだその家を購入したばかりで、引っ越しも済んでいないので、部屋はがらんどうで、家具もなにもない状態でした。

パイプオルガンの音

晴れた日の午前十時、わたしはその家に向かいました。

新築の家の中は真新しい木の匂いに満ちていて、まだ家具もなにもないまっさらな空間で、日当たりもよく気持ちのいいところでした。

ここに悪霊が潜んでいるという感じは、特にありませんでした。

不動産屋さんの二人と、ペルー人のご夫妻と、わたしの五人で並んで、一階の和室の部屋に入ってお祓いを始めました。

祭詞を読み始めたそのときです。

ジャーン ジャーン ジャーン ジャーン ジャーン ジャーン!

と、大音量でパイプオルガンの演奏が聞こえてきました。

不動産屋さんの携帯電話が鳴っているんだな。

わたしはそう思いました。祭詞を読んでいる最中に邪魔をされて、内心、わたしは穏やかではありませんでした。

「これをもちましておわりました」

一通りのお祓いをおえたあと、わたしは不動産屋さんに一言注意しました。

「儀式の間は、携帯電話の電源を切っておいてください」

ところが不動産屋さんの二人は、けげんそうな顔をしてこう言いました。

「いや、携帯電話は車の中に置いてきたので、わたしではありません」

「わたしも車の中です。だれの携帯の音だろうかと思っていましたが……」

てっきり、先ほどのパイプオルガンの大演奏は、二人の不動産屋さんのうち、どちらかの携帯電話の着信音だと思っていたわたしは、首を傾げました。すると、ご夫妻も不思議そうに言いました。

「あの、わたしたちは携帯電話の電源を切っておりました……」

わたしたちは顔を見合わせ、それから、すっと青ざめました。

わたしが祭詞を唱えていた約五分もの間、全員が聞いていたあの演奏はどこから流れてきたのでしょうか。

霊は音で訴える？

あの祭詞の間じゅう流れていたパイプオルガンの演奏は幻聴だったのでしょうか。

いいえ、その場にいた全員が、パイプオルガンの大音量の演奏を聞いていたのです。全員が聞いていたので、幻聴ということではなさそうです。

どんなメロディーだったかは忘れましたが、とにかくものすごい臨場感あふれるサウンドで、その場で鳴っているとしか思えない音量でした。

思い返してみると、どこか一定の場所から聞こえてくるというよりも、家全体に鳴り響いていた感じでした。

わたしは不動産屋さんの二人といっしょに音源がないかどうか、家中を探してみました。けれど、まだ家具もないがらんどうの新築です。音源らしきものはなにも出てきませんでした。

その後、その家でなにか起きたという報告がないので、神父さんに「悪霊」といわれたものはいなくなったのでしょう。

事故物件の依頼ではありませんでしたから、竣工式をするような軽い気持ちでうかがったのですが、思いがけず怪奇現象に遭遇してしまいました。

大切なのは安心して暮らせること

以前にも、階段を降りる足音など、姿が見えないのに音だけが響く数々の心霊体験にたびたび遭遇してきました。

音はその場にいるみんなが共有するものなので、実際に霊を目撃するよりもインパクトが強く、記憶に残ります。

霊は、音でなにかを訴えようとしているのかもしれません。

なぜパイプオルガンの音だったのか。どんなメッセージが込められていたのか。悪霊は本当にいたのか。

疑問は浮かびますが、怪奇現象に理由を求めることはしません。わたしはそこで起きたことを、ありのままに受け止めるようにしています。

大切なことは、お祓いをしたことで、ペルー人のご家族が新しい家で安心して暮らしているという事実ですから。

廃工場のすすり泣き

日の差さない廃工場

「首吊り自殺があった工場のお祓いをしてほしい」

十二年ほど前、神奈川県相模原市にある工場を管理している会社からお祓いの依頼がありました。工場の中で、首吊り自殺をした遺体が発見されたということです。工場はすでに稼働していなかったため、遺体は亡くなってから半年から一年は経っていたそうです。工場とは関係がない人物ということでした。

「工場を取り壊して宅地にすることになったので、その前にお祓いをしておきたい」という依頼です。

訪問した先は、学校の体育館ほどの大きな工場で、住宅地にポツンと立っていました。建物の外には解体の準備でしょうか、測量をしている人がいました。よくある工事現場と変わらない雰囲気です。

「この中です。お願いします」

現場には土地の所有者、解体業者、不動産屋さんなど十名ほどがいましたが、建物の中にはついては来ず、わたしは小型祭壇を抱えて、一人で工場内に入ることになりました。

謎の泣き声

中はだだっ広い空間でした。すでに電気は切られており、窓が少ないため昼間なのに薄暗い状態でした。

壊れた換気扇がかすかな風で、くるくる……と回っています。空気の巡りが悪いせいか気が澱んでいるなと感じました。

うう〜……ううう〜……

「？」

開けた場所で祭壇を組み立てていると、奇妙な音が聞こえてきて、わたしは思わず顔をあげました。どこからか女性のすすり泣きのような音が聞こえてきたのです。

はじめは風の音かと思いましたが、窓はぴったりと閉まっていて、風が侵入するすき間はありませんでした。周囲を見渡しましたが、工場内に生きた人間はわたししかいません。

うう……ううううう〜〜〜。

苦しそうな声はやみません。

気が散るので、換気扇でも壊れているのかと音の原因を探るべく工場の中を歩き回って調べてみましたが、どこにも異常はありません。

「これは人ならざるものが発する声かもしれない……」と頭をよぎりました。

このような仕事を経験するうちに、いわゆる心霊現象の類には驚かないようになっていましたが、不気味に感じて寒気がしてきます。


うぅぅ～ぅぅぅぅ～～


女性らしき泣き声を聞きながら儀式の準備をおえ、依頼者の方を呼びに外へ出ました。

薄暗かった建物内から一歩、外に出ると、まぶしい太陽の光が目に飛び込んできました。周りには、先ほどと変わらず測量作業をしている人たち。

ここには、先ほどの泣き声は一切聞こえません。

無駄に怖がらせる必要もないと思い、わたしはなにも言わずに依頼者の方々とともに、再び建物の中に入りました。

あの声が聞こえてきたら、少し面倒なことになるなと思っていたのですが、ピタリと声はやんでいたのです。
広い工場内はシーンとした静寂に包まれていました。

耳に残る声

それから、儀式を始めました。するとまた、

「畏み畏み申す……」

「ううう〜〜」

祭詞の声に重なるように、またあの泣き声が聞こえてきました。
気にはなりましたが、途中で儀式をやめるわけにもいかず、そのまま最後まで祭詞を唱えるしかありません。

「祓い給え、清め給え、祓い給え、清め給え……」

「うう……」

一心不乱に祭詞を唱え終えるころには、女性の泣き声は聞こえなくなっていました。

周りの人たちはどう思っただろう……と振り向くと、依頼者の方たちにはあの声が聞こえなかったのか、無事に儀式がおわって安心した様子です。

「ありがとうございました」とわたしにお礼を言い、建物からそそくさと出て行きます。その表情はみな、晴れやかでした。

工場で首吊り自殺をして亡くなった方は、女性だったのでしょうか。

ここが更地にされることを知り、自分の魂が弔われぬまままだ消えていくことを、悲しんでいたのでしょうか。

せめて、わたしがあの声の主の御霊を救えていたらいい、と願うばかりです。

火葬場の女

早朝の火葬場

この話は事故物件ではありませんが、十年ほど前、秋もかなり深まったころ、火葬場でわたしが体験したできごとです。

火葬場では、「炉前（ろまえ）」にて「火葬式（直葬ともいいます）」という式典がおこなわれることがあります。

炉前とは、遺体を焼く炉の前にある場所のことです。火葬式というのは、一般的な通夜や葬儀を省いて火葬のみをおこなうもっともシンプルなお別れの儀式です。

遺族が故人を見送る最後の瞬間といえど、長く時間をかけてお別れをすることができない現実があります。そこで、十分から十五分程度の火葬式をおこないます。

弔問客を受けつけず家族など親族のみが参列する式です。金銭的な負担が少なく、短い時間で済ませることができることから、縁者が少ない孤独死の場合などには、葬儀や告別式をしない火葬式が多いのです。

火葬式は宮司か僧侶が執りおこなうことが一般的です。

あるとき、照天神社に火葬式の依頼があり、東京都の某火葬場に行きました。

朝一番早いもので、火葬式は午前九時から始まります。

火葬場は一分一秒の遅れも許されない厳密なスケジュールで稼働しているので、絶対に遅れてはいけません。もし遅れてしまうと、次は数日後になるということもあります。遺体の状態も悪くなってしまうので、わたしも遅刻しないようにいつも二時間以上は早く着くようにしています。

その日の火葬式は九時からでしたので、わたしは午前六時には火葬場に到着して、駐車場で仮眠をとっていました。

六時半頃に仮眠から目が覚めて、トイレに行きたくなったので、火葬場のトイレを借りることにしました。周囲はまだ薄暗く、人がいない朝の火葬場に少し気味悪く感じたまま、火葬場の中に入りました。

階段の上からの視線

建物の中はシーンとしていました。

コツコツ、コツコツ。

わたしの足音だけが廊下に響いていました。トイレの入り口はちょうど階段の下にあり、入ろうとしたところ、ふと階段の上から視線を感じたので振り向きました。

そこに、洋装の喪服を着た女の人が立っていました。

女性は、階段の上からわたしのほうをじぃーっと見下ろしてきます。

不躾な視線にとまどいながらも女性を観察すると、四十代半ばくらいのショートヘアで、顔は真っ白、不自然なほど目を大きく見開いていました。

ご遺族の方だろうか？

とは思いつつも、こんな早い時間に、火葬場の職員以外がいることなんてなかなかありません。

わたしも普通でしたら「お早いですね」などと話しかけるのですが、このときはなにか異様な雰囲気を感じたので、さっとトイレに駆け込みました。


ピカッピカッ！


トイレに入って用を足していると、センサー式のライトが点いたり消えたりしました。

「いったいなんなんだ……」

怖さよりも怒りのような感情がわいてきて、トイレを出ました。

えっ⁉

階段の上にまださっきの喪服の女性が立っていました。

言葉を発することなく、先ほどと同じように、ただじぃーっと見つめてきます。

わたしも気の長いほうではなかったので、ずっと見られていることにだんだんイライラしてきました。

絶対に普通の人間じゃない！

そう確信し、万が一、ご遺族の方だったらあとで謝ろうと思って、階段を上りました。

まばたきをしない女

女性に近づくと、ますます奇妙な感じがしました。じいーっと見られていると感じていたのですが、不思議なことに近づいても、その女性とはまったく目が合わないのです。白目が目立つほど大きく目を見開いているのに、まばたきもしません。かすかなお香の香りがしました。

ぴくりとも動かない女性に向かって、わたしは大声を出しました。

「なにジロジロ見てるんだ！　捕まえるぞ！」

わたしの怒鳴り声にも女の人は驚きもせず、微動だにしませんでした。

しかし、その声が通じたのか女性はすーっとさらに階段を上っていって、いなくなったのです。

足音ひとつしませんでした。

結局、九時からの火葬式の参列者にはその女の人はいませんでした。

やはり人ならざる「なにか」だったのかもしれません。

間近で見て感じたのですが、人ならざるものは目を見開いて異様に大きく感じるのに、まばたきはしないし、目が死んでいるのです。

なにをされたわけでもないですが、不気味な体験でした。

火葬場という特別な場所

火葬場というのは、本来神聖な場所なのです。清浄な空気に満たされ、悪しきものが入るイメージはありません。

それでも毎日、遺体が焼かれるところですから、なにかに苦しんでいたり訴えようとしたりした、人ならざるものがふっと入り込むことがあるのかもしれません。

小型祭壇は特注

わたしが事故物件などで使用する祭壇は、世界でたったひとつの、特注の小型祭壇です。

事故物件でのお祓いは、ワンルームなどの狭い場所でおこなわれることが多く、普通のサイズの祭壇では大きすぎて入らなかったり、運び入れるのに大変だったりします。

そこで、もっとコンパクトなサイズの祭壇がほしいと思い、わたしが祭壇の図面を書いて、職人の方に特別に作ってもらいました。

小型祭壇は持ち運びしやすく、短時間で組み立てることができます。

小型祭壇の組み立て

❶

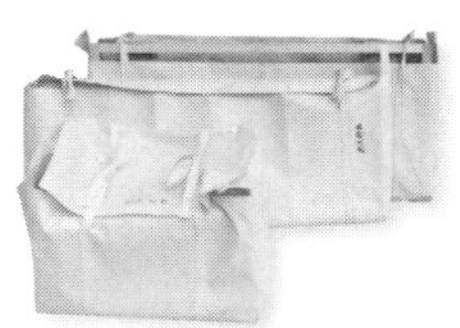

小型祭壇は、特注の袋に入れて持ち運びできる。

❷

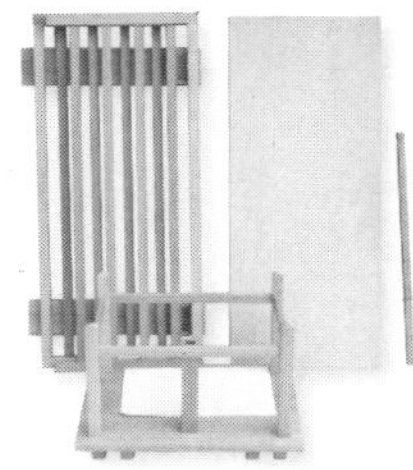

いくつかのパーツに分解できるようになっている。

❸

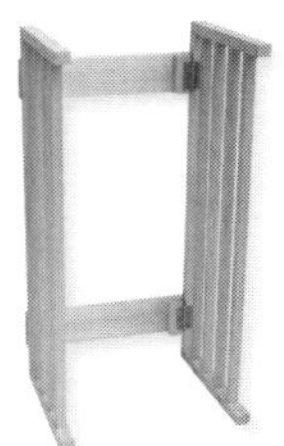

折り畳み式の土台を立てる。

❹

次に土台の上に板をのせる。

❺

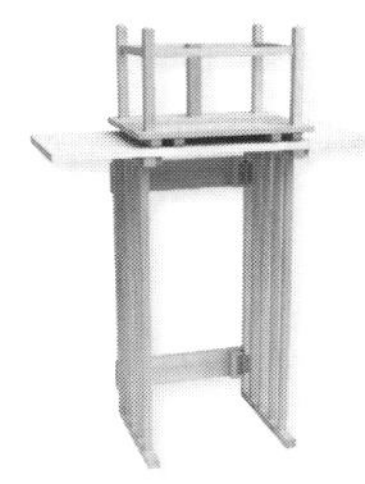

神饌（お供物）を置く台を重ねる。

❻

最後に榊（さかき）を立てて完成。

第三章
不思議なお祓い

照天神社

十六件目
ピンクサロンに現れる幽霊

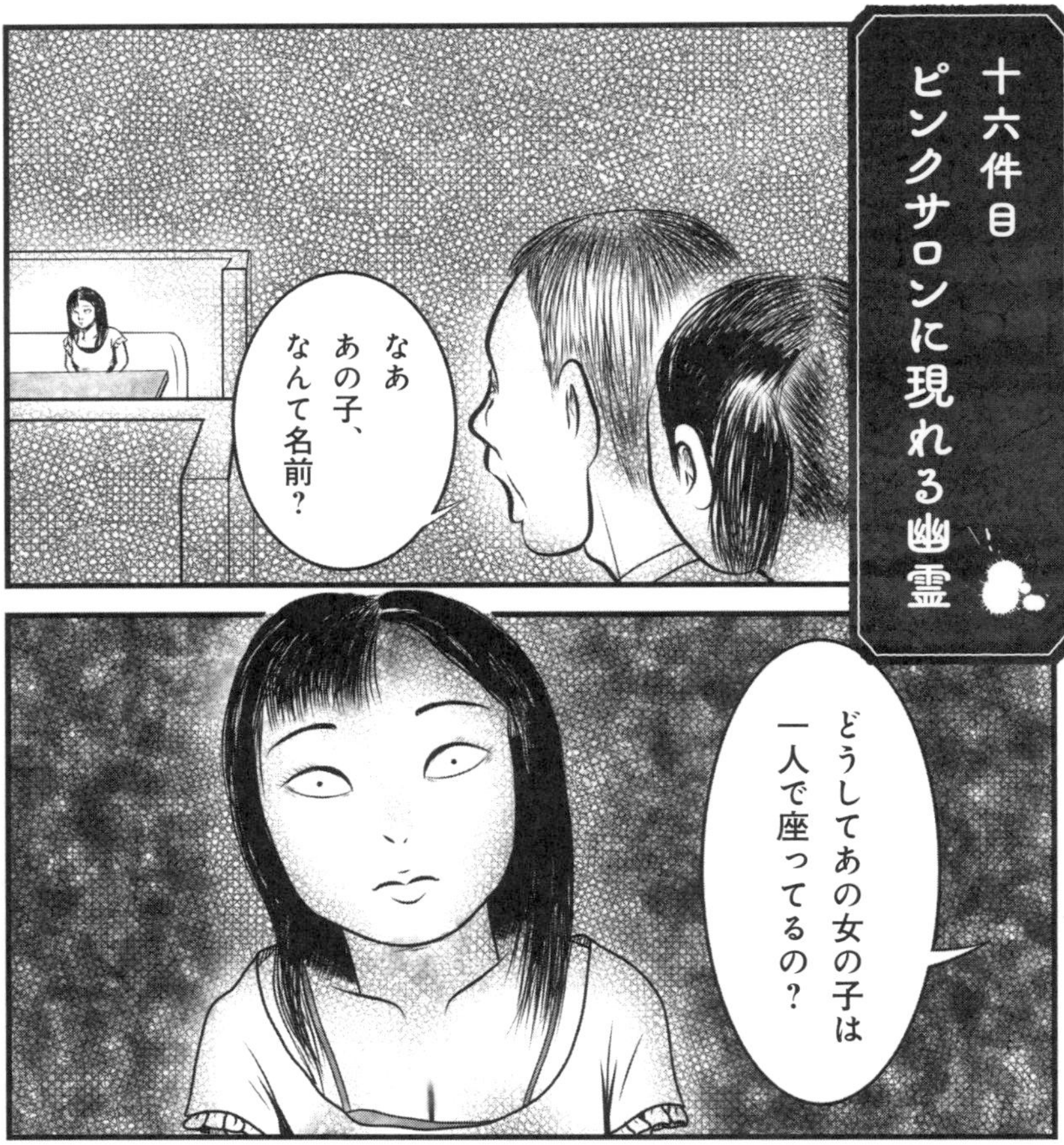

なあ
あの子、
なんて名前？

どうしてあの女の子は
一人で座ってるの？

それからも…

あそこにフィギュアみたいな
キレイな子が一人でいるね

あっ！消えた

あのキレイな子がいいな
指名したい

店長怖いので
なんとか
してください！

まあ…
なんとかするよ

ピンクサロンからの電話

わたしのところには、個人のお宅だけでなく、お店からのお祓いの依頼もあります。お店といっても商店などではなく、キャバクラ、ゲイバー、熟女パブといった、さまざまな風俗店です。

実は、風俗店では不思議な現象が起きることが少なくありません。そのため、これまでに風俗店のお祓いもたくさん手がけてきました。

風俗店では、風営法の観点から外から容易に見えてはいけないといった理由で窓がないことが多いのです。閉鎖された空間は空気の通りが悪いので、悪い気や霊などが入り込みやすいのかもしれません。

六年ほど前のことです。

神奈川県相模原市内にあるピンクサロンの店長から、こんな相談を受けました。

「お客さんがいないはずのボックス席に、いつも同じ女性が一人でポツンと座っているんですよ」

ピンクサロンの店長は、知り合いの不動産屋さんの紹介でわたしを知ったそうです。

翌朝、さっそく現地へ向かいました。お店は、派手な色で「花びら回転（複数の女の子がサービスすること）七千五百円三十分」と書かれた看板をくぐった先の地下一階にありました。

ボックス席に現れる女の霊

夜は営業中のため、わたしがうかがったのは朝の八時。

日は昇っている時間帯ですが、地下にあるお店の中は薄暗く、窓がないため気の巡りは悪く、煙草の臭いが染みついた、澱んだ空気で満ちていました。

昨夜のお客さんが帰ったあとの店内の清掃はまだおわっておらず、テーブルには山盛りいっぱいのおしぼりや、お店の女の子たちが使ったであろうボロボロになった歯ブラシが置きっぱなしになっていました。

普通の照明が設置されていないのか、天井にはキラキラとミラーボールが光って店内を照らしています。

店長に同席してもらい、詳しく話を聞きましたが、店長は初めて会ったわたしのことを信じかねているようで、言葉こそ丁寧なものの、どこか投げやりで、目を合わせるようなことはしませんでした。

一人で座っている女の子

店長が言うには——。

目撃者は一人じゃないんですよ。うちの店で働いている女の子たちが何人も見ているんです。

ピンクサロンっていうのは通常、L字形のソファが置かれたボックス席になっていて、お客さんとお店の女の子が一対一で席につきます。

列車の席のように一方向を向いていて、お客さん同士が顔を合わせないように配置されているんです。

ある夜、お客さんと女の子がボックス席について接客していました。すると、お客さんが不思議そうに反対側のボックス席を見ています。

「どうしてあの女の子は一人で座っているの?」と聞かれました。

お客さんが指差した先には、薄暗い無人のボックス席がありました。

「だれもいませんよ」と答えると、お客さんは「あれっ、きれいな女の子が座っていたんだけど……」と不思議そうに言いました。

お客さんもいないのにソファに座っている人なんているかなあと思いながら、聞かれた女の子は、あまり深く考えなかったそうです。

しかし、その後も、

「あそこにフィギュアみたいにきれいな子が一人でいるね」

「あの子、なんて名前？」

と、複数のお客さんから聞かれたと言います。お客さんから「フィギュアみたい」と言われたのは、それほどきれいだったからだと思いますが、人形みたいに表情がなく、ピクリとも動かないという意味だったのかもしれません。

店長のわたしとしては、お客さんもいない席に女の子を待機させておくなんてありえないので、なにかの見間違いじゃないかと思いました。

しかし、お客さんだけでなく、ついにはお店で働く女の子もその女性を目撃したと言い始めました。ソファにきれいな女性が座っていて、しばらく経つといつのまにかいなくなっているというのです。

お客さんがふざけて「あのきれいな子がいいな」とボックス席の女性を指差したら、ふっと消えたこともあるんです。

お客さんからも、ここで働く女の子からも、気持ち悪がられてしまって……。なんとか追い払っていただけないですかね？

店長は、このままでは女の子たちが怖がって仕事にならない、よくわからない神主にすがってでもなんとかしてほしい、という切羽詰まった状況に置かれていました。

風俗店には不思議な現象が多い

この女性の正体は、たまたまピンクサロンに迷い込んできた霊なのでしょうか。

霊だとしても、「悪い霊」かどうかはわかりません。ボックス席に現れたり消えたりするだけで、だれかに襲いかかるわけでもないのですから。

ただ、お客さんやお店で働く女の子たちに気味悪がられている以上、お店にとってよいことではありません。

そこでわたしは、悪しきものを祓う「清祓い」をおこなうことにしました。

狭く暗い店内の中央に、小型祭壇を設置します。店長はものめずらしそうにわたしが儀式の準備をするのを見ていました。

「祓い給え……」

悪霊とは限りませんから、「何者かは知りませんが、とにかくここから出て行ってくれませんか」と丁寧にお願いする気持ちで、ひたすら祭詞をあげました。

「清め給え……」

キラキラとミラーボールが光る中、わたしの声がピンクサロンの店内に響きわたります。

だれもいない早朝のピンクサロンのど真ん中で、装束に身を包んだ神主が熱心に祭詞を唱えている光景は、ちょっと奇妙だったかもしれません。

澱んだ空気がピーンと張り詰めた空気に変わります。

最後に祭壇に向かって一礼し、「無事に儀式を執りおこないました」と告げると、店長はハッとしたように「ありがとうございました」と礼を言い、「これで女の霊が出なくなるといいんですけどねえ……」とつぶやきました。

店長は半信半疑の表情でした。

夜のお店の御用達神社に

その後、女の霊はどこかへ行ってしまったのでしょう。

ピンクサロンでボックス席の霊が目撃されることはなくなりました。

あんなに疑わしそうにわたしを見ていた店長ですが、紹介者の不動産屋さんから、店長が喜んでいたと聞き、うれしく思いました。


この一件があったせいか、キャバクラやゲイバー、熟女パブなど夜のお店からお声がかかることが増えました。

厚木市にあるキャバクラからは、「女性トイレに見知らぬ女の幽霊が出るので祓ってほしい」

と依頼がありました。同じく相模原市、町田市のゲイバーでは心霊現象とは関係なく、「商売繁盛の祈願をしてほしい」との依頼がありました。

幽霊騒動に限らず、照天神社を信頼してくれる方が増えているのであればうれしい限りです。

夜のお店御用達の神社はレアかもしれません。

揺れる家

原因不明の怪奇現象

心霊現象とも違う、説明のつかない奇妙な現象が起きた家のお祓いに行ったことがあります。十二年ほど前のことです。

夜の十一時くらいになると、決まって部屋が揺れるというのです。震度五もあろうかという激しい揺れで、生活に支障が出るレベルです。どれだけ調べてもまったく原因がわからず、解決方法も見いだせないということでした。

最後の手段として、知人を通してわたしに連絡をしたということでした。

向かったお宅があるエリアは神奈川県相模原市、畑の中に家々が並ぶのどかな住宅地で、隣家の家屋とは離れていました。依頼主の家は、畑の真ん中にぽつんと立つ二階建ての一軒家です。

畑の中の一軒家

ご亭主が話すには――。

我が家が揺れるのは決まって夜です。

ぐらぐらぐらっ

子どもたちが眠りについたあとの十一時くらいになると、家が揺れ始めます。ミシミシと家がきしむ音が聞こえました。

「地震か!?」とあわててテレビをつけてみましたが、そんなニュースはありません。

後日、調べてみてもわたしたちが住むエリアに地震があったという情報はありませんでした。

それからも夜になると部屋がぐらぐらと揺れます。もう立っていられないほどの揺れで、家族全員でおびえて部屋のすみにかたまっていることしかできません。

うちの家族は全員、揺れを体験しているのですが、周りは畑に囲まれていて、百メートルほど離れた隣近所の方に聞いても、同じ体験をした人たちはいません。

家族以外に揺れを証明することもできず、わたしたちの妄想だと疑われてもおかしくないでしょう。

だからさまざまな可能性を考慮して、原因究明をすることにしました。

まず、家の近くには大きな道路も線路もないし、車や電車が通過するときの揺れということはありえません。家の地下に下水道でも通っているせいじゃないかと思い、役所に聞いてみたのですが、そのような事実はないという返答でした。

地盤や家の設計、施工にも問題はありませんでした。

地上にも地下にも原因は見当たらず、もうお手上げ状態なのです……。

疲れきっているご家族

「揺れさえ収まればいいんです。なんとかなりますでしょうか？」

これまでの経緯を語るご亭主の表情は疲れ切っていました。夫人も夜眠れず、体調を崩しているようでした。この事態がご家族にとって深刻であることが伝わってきました。

わたしが見る限り、五人が暮らすこのお宅に異様な雰囲気はまったくありません。日当たりや風通しがよく、空気が澱んでいることもなく、謎の揺れさえなければ住み心地のよい家に違いありません。

念のため、この家で過去になにか事件や事故はなかったかもお聞きしました。しかし、ご夫妻の知る限りで、そのようなことはないということです。

「苦しんでいる人たちをなんとかしたい」と思いつつも、原因がわかりません。

「わたしにできる限りのことをしてみます」

そう答えることしかできませんでした。

自然現象に対する敬意

今回のような、原因が特定できない依頼のときは、目に見えない「なにか」に対して「ここからちょっと離れてください」と念を込めます。

その場合、事故物件とは違いますので、「清祓い」という悪い気や悪霊を祓うお清めの祭詞を唱えます。

亡くなった方の魂を浄化する目的の事故物件のお祓いとは、気持ちの向き合い方が違います。個人の魂に「安らかに」と祈ることは、死者との最後の対話のようなイメージです。

しかし、今回は「人知」では計り知れない自然現象に対して、頭を下げる気持ちで臨みます。依頼主の一家が生活する場から「少しだけ離れていただけないでしょうか」と真摯に願います。

わたしは依頼者に「これからこの場を清めます」と伝え、祭壇に向けて「清祓い」の祭詞を唱えました。

「祓い給え、清め給え……」

これだけ科学が発展した現代においても、こういった原因がよくわからない怪奇現象の相談が、多いのです。

家中にパイプオルガンが鳴り響く音が聞こえた家、夜になると女が現れて首を絞めてくる家など、わたしが見聞きしただけでも、いわゆる怪奇現象や心霊現象と呼ぶしかないような事例があります。

これらを妄想だと切り捨てることは簡単ですが、当事者たちが現実の問題として困っていることは事実です。わたしの存在が、だれからも匙（さじ）を投げられてしまった問題を解決する助けになるのであれば、全力を尽くすしかありません。

この世には、科学や論理だけでは解決できない事象というものがたくさん存在しています。決して奢ることなく、わたしにしかできない役目をまっとうしたいと思っています。

誠心誠意を込めて儀式をおこない、

「この家を清める儀式は無事におこなわれました」

と、依頼主の目を見て、はっきりと告げました。これで揺れが収まるかどうかはわかりませんでしたが、ご夫妻の不安が吹き飛ぶように願い、この家をあとにしました。

「ありがとう」がわたしの喜び

数日後、依頼主の方が、照天神社を訪れました。

突然の訪問に驚いて、「まさか、また家が揺れたのですか？」とたずねました。

依頼主は晴れやかな顔でこう言いました。

「あれからピタッと揺れが止まったんです！」

うれしさがあふれる声音でした。

「どうしても直接、神主さんに感謝を伝えたくて……。本当にありがとうございました」

感謝を伝えるためだけに、わざわざ神社まで訪ねてきてくれたのです。あのときの疲弊した表情からはうって変わった明るい笑顔でした。

わたしの仕事は、トラブルの原因を究明することではありません。困難な状況に置かれている依頼主の話に真摯に耳を傾けること、悩みを抱えている人たちに問題に立ち向かう勇気を与えること、事故物件をお祓いして次の住人に安心を与えることだと考えています。

依頼者の方々の笑顔と「ありがとう」という言葉が、わたしの喜びです。

手の打ちようがなくてどうしようもないときの、「最後の砦」「頼みの綱」となるような宮司でありたいと願っています。

十八件目

猫人間が現れる家

猫の顔をした化け物

「夜になると、猫人間が出るんです」

十五年ほど前、電話の主はそう言いました。

神奈川県川崎市の賃貸物件を管理する、知り合いの不動産屋の方でした。

「猫人間？」

まるで妖怪かなにかのような奇っ怪なネーミングに、思わず聞き返してしまいました。

不動産屋さんによると、川崎市の賃貸物件に住む人たちから「アパートに猫人間が出るのでどうにかしてほしい」と陳情があったと言います。

そのアパートの一室には、労働者の中年男性が六人で住んでいるそうです。

彼らがその部屋で寝ていると、夜十一時くらいに、顔は猫、体は人間の化け物が現れるといいます。

真っ暗な暗闇の中に、突如、猫の顔が浮かび上がりました。驚いて見ていると、猫の顔の下に人間の胴体がついていたそうです。異様な光景を目の当たりにした住人はなにもできず、ただ闇の中の猫人間を見ていましたが、化け物は身動きひとつすることなく、部屋に立ち続けていたということです。

目撃情報は一回ではおわらず、六人全員が目撃しました。次第に「あれはなんだ」「気味が悪い」

など、住人たちも恐怖と不安を口にするようになりました。

ついには不動産屋さんに「どうにかしてくれ」と訴えてきたそうです。

「こちらも信じられるような話ではなく、どうすればよいかわからず、ホームページで神主様を見つけて電話をしたのです」

「なるほど……」

確かに、にわかには信じられない話です。

とはいえ、わたし以外のところに持ち込まれても誠実な対応は受けられないかもしれません。不動産屋さんの困りきった声に応えるべく、わたしはこの依頼を引き受けることにしました。

劣悪な環境

現場は海の近くにあるアパートでした。駐車場からアパートまでの路地で野良猫を数匹、見かけました。「部屋に入った野良猫を化け物と見間違えたんじゃないのか？」などと内心では思いながら、アパートに向かいます。

このエリアは工場労働者の方々が多く住んでいる場所です。現場となったアパートの住人たちも、近隣にある工場に勤める方々だということです。

午前十時頃にアパートに到着し、わたしは不動産屋さんに案内されて、問題の猫人間が現れるという一階の部屋の前に立ちました。

ドアをあけて驚きました。六畳一間のワンルームだったのです。

「ここに六人で住んでいるのですか?」

不動産屋さんに確認すると、間違いなく一部屋に六人で暮らしているとのこと。この地域では、窮屈な環境で生活している人が少なくないそうです。

狭い部屋には二段ベッドと布団が並んでいます。部屋には住人のうち、三、四人がそこで寝ながら週刊誌を読んでいました。

神主の装束を着たわたしが部屋の前に現れても、こちらを見向きもせず、まったく関心がなさそうでした。猫人間には困っているけれど、お祓いには興味がないのでしょうか。

わたしも彼らのことは気にせず、中に入ることにしました。

ぐにょ

畳の敷かれた室内に踏み入れた右足が沈みました。畳が柔らかく、ぶよぶよなのです。色もあせてしまった畳で、一歩進むたびに足が沈んでいきます。

さらに、部屋には敷きっぱなしの布団や物があふれており、お世辞にも快適な住環境からはかけ離れていました。

畳の下にいたモノ

「この畳、湿気で腐っているんじゃないんですか？」

不動産屋さんに伝えると、「じゃあ、畳をあげてみますか」ということになりました。

二人がかりで、ぶよぶよになっている畳の一枚をあげました。

「うわ……」

不動産屋さんが思わず声を上げました。

そこにはポッカリと大きな穴があいていました。

床の下の地面が丸見えだったのです。

おそらく床材が朽ち果て、支えるものがなくなっていたようです。どおりで畳がぶよぶよするはずです。

そのときでした。


サササッ！

畳の下の地面があらわになった瞬間、黒と白のぶち模様のなにかがさっと動き、視界から逃げていきました。

「神主さん、今の、見ましたか？」

「ええ、あれは……」

その正体は、猫でした。

ポッカリあいた床下の空間は、猫にとって絶好の住処(すみか)だったのでしょう。人間に気づかれないまま、どのくらいすみ続けていたのでしょうか。

不動産屋さんと、残された穴をしばらく見つめていましたが、いつまで経っても猫は戻ってきませんでした。こうしていてもどうしようもないので、畳を元の位置に戻しました。

安定しない畳の上になんとか祭壇を設置し、わたしはお祓いを進めました。


「祓い給え、清め給え……」


この物件は、人が亡くなったわけではないので「清祓い」をおこないました。

もうすでに何度か出てきていますが、清祓いは「霊碍除」と呼ばれる祈願の一種で、悪い「気」や悪霊、化け物などを祈願する儀式です。

決まった祭詞があるわけではなく、お祓いや儀式に合わせて、必要な祭詞を自作します。

無事に儀式をおえ、不動産屋さんと部屋を出ました。

アパートの周りには、来たときと同様に野良猫がたくさんいました。先ほどのぶち猫もきっと野良猫だったのでしょう。

「この猫たちのせいだったのか？」

人間に恨みを抱いた野良猫が、猫人間となり、住人をおびえさせる目的で部屋に現れたとでもいうのでしょうか。

それとも毎夜、人知れず床下で鳴く猫の声を聞くうちに、無意識に猫人間という想像上の化け物を生み出してしまったのでしょうか。

野良猫と猫人間とのつながりは不明です。

無事に解決できていることを祈りながら、アパートをあとにしました。

再び現れた猫人間

それから一週間後、不動産屋さんからは「もう、猫人間は現れなくなったようです」と聞いていたので、わたしはほっとしていました。

しかし、さらに数日後、再び同じ不動産屋さんから焦った声で電話がありました。

「また出ました」

「えっ、またあの部屋に猫人間が出たんですか?!」

お祓いの効果はなかったのかと、失敗を悔やみそうになったところで、不動産屋さんが否定しました。

「いいえ、違います。今度は二階の部屋に出たんです」

なんと、同じアパートの二階の住人が、猫人間を部屋で目撃したというのです。目撃情報は前回と同じで、夜になると顔は猫、体は人間の化け物が部屋に立っている、というものでした。

わたしが一階の部屋で清祓いをおこなったことで、猫人間は二階へと逃げていったのでしょうか?

そんなことが本当にあるのだろうか……。

わたしはこの奇妙な現象に首を傾けつつ、再び川崎市のアパートを訪れました。

今度は不動産屋さんの立ち会いがなく、わたし一人でした。あらかじめ教えてもらった部屋のドアノブに手をかけると、鍵はかかっておらず戸が開きました。

「お祓いに来た者です……」

二階の部屋も六畳のワンルーム。二段ベッドが二つあり、四人で生活しているということでした。中には二人ほどがベッドに寝転んでいましたが、返事はありません。一階のときと同様に無関心な住人に対して、わたしも「勝手にやるぞ」と思い、ズカズカと中に入って儀式の準備をしました。

二階での清祓いを滞りなくおこない、アパートをあとにしました。

その後、そのアパートに猫人間が現れることはなくなったそうです。

猫人間が無事に清められたのか、それとも、どこか別の建物へと逃げていったのでしょうか。

祈禱料を払ってまで依頼してきているのですから、あながちウソとも思えませんが、本当に猫人間なるものがいたのかどうか、いまだに不思議な依頼です。

十九件目 ラブドールの御霊入れ

奇想天外の依頼

「うちのラブドールに、御霊（みたま）を入れていただけないでしょうか？」

二年前のことです。

面識のない男性からの電話相談でした。ＳＮＳで照天神社のことを知ったそうです。

「ラブドールに御霊を？」

いきなりラブドールといわれて、最初はなんのことだかすぐには理解できませんでした。

ラブドールというのは、実物の女性や男性に限りなく近い性的な目的で作られた人形です。ダッチワイフとも呼ばれます。依頼主の男性は、他の神社で御霊入れを頼んだものの断られ、困っているということでした。

神道では、亡くなった方の御霊を「霊璽（れいじ）（御霊を移す依り代となるもの）」に移して祀ることで、故人や先祖が守護神となってその家や子孫を守るといわれています。人形供養などの依頼はありましたが、「ラブドールへ御霊を入れたい」という依頼はこれまで経験がありませんでした。

わたしには、特殊な性癖などに対する偏見はまったくありません。だれかが困っているならば、手を差し伸べない理由はありません。わたしが役に立てるならと、すぐに引き受けることにしました。

「わかりました、連れてきてください」

こうして数日後、男性はラブドールを乗せて車で照天神社までやってくることになりました。

本物の女性にしか見えないラブドール

男性の運転してきた車の助手席に座った女性型のラブドールに、わたしは驚きました。

もし道ですれ違っても人形だとは気づかなそうなほど、生きた人間そのままです。しかも、目鼻立ちの整った美人です。触らせてもらいましたが、皮膚が人間そっくりの感触なのです。関節も人間と同じように動きました。指先は丁寧にネイルされ、指輪やアクセサリーもつけていました。

驚いた理由はそれだけではありません。男性が四体ものラブドールを連れてきていたからです。

「この四人全員に御霊入れをおこなうのですか？」

「はい！　お願いします！」

キラキラと瞳を輝かせた男性は、ラブドール一人一人に愛(いと)おしそうなまなざしを送っていました。この子たちは男性にとって大切な家族なのだなと思いました。

ラブドールを椅子に座らせ、御霊入れの儀式をおこないました。

あまり広くはない照天神社の社は、わたし、男性、四人のラブドールでぎゅうぎゅうです。

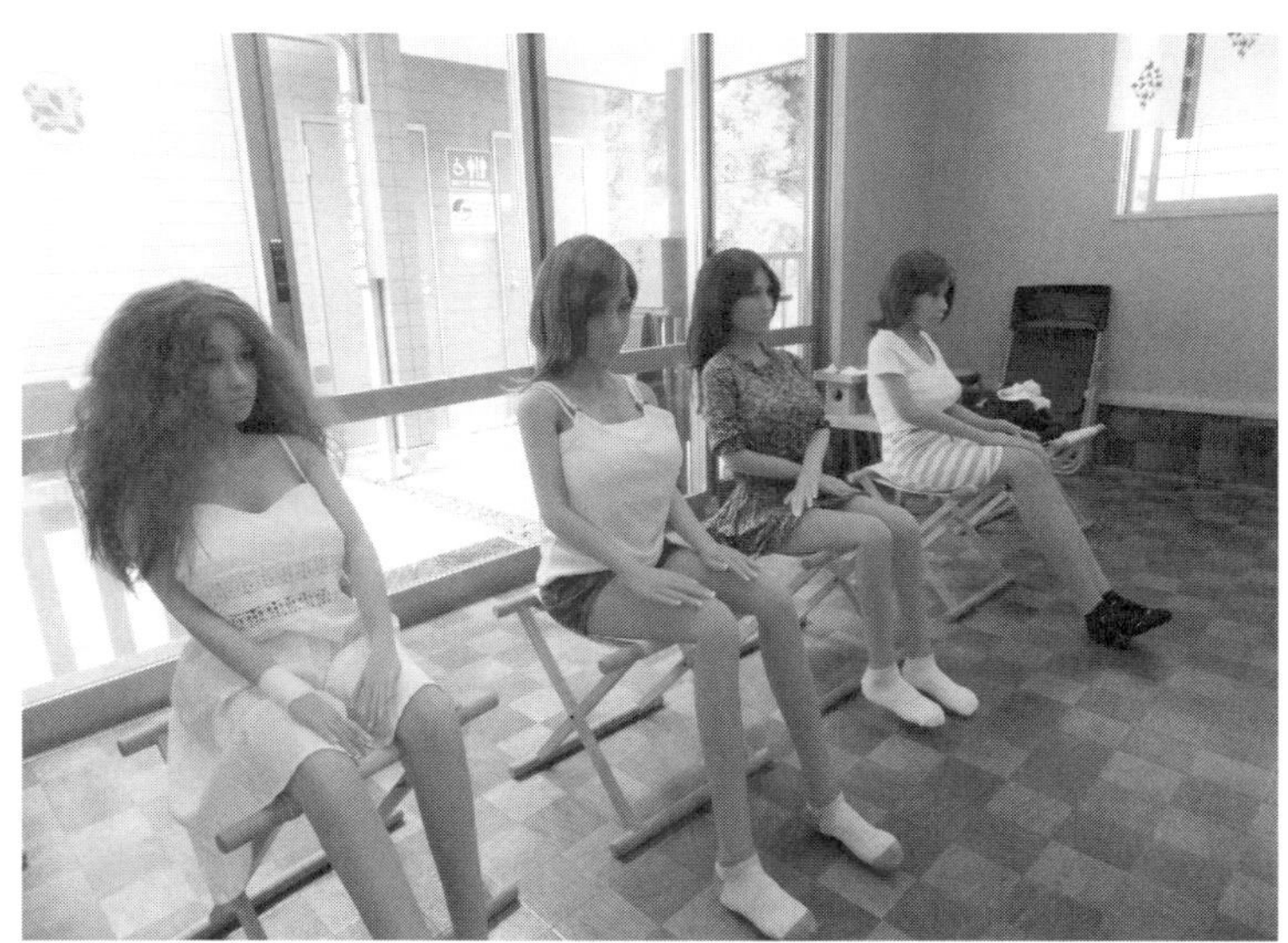

照天神社の社に並んだ「四人」。

御霊入れの儀式では、「遷霊祭詞」を唱えます。

人形は本来、人間のもつ穢れや不浄を移すものですが、男性にとってラブドールは大切な「パートナー」です。ですから、パートナーとして大切なラブドールの邪気を祓い、清らかな魂であれ、と祈ります。本来の「御霊入れ」は「神様を下ろす儀式」ですが、今回は「お清め」に近い儀式といえるかもしれません。

「御霊を入れ給え……」

依頼主の男性が固唾を呑んで見守る中、「ラブドールとともに平和に喜んで暮らしていけますように」と、健康と家内安全をお祈り申し上げました。

御霊入れの儀式をおえると、男性は涙を流していました。

「●●ちゃん、よかったね。▲▲ちゃん、よかったね。■■ちゃん、よかったね。◆◆ちゃん、よかったね」

それぞれのラブドールの名前を呼び、喜んでくれました。

依頼主の涙を見て、わたしはお役に立ててよかったなあとしみじみ思いました。

ラブドールの聖地

最後に、男性は興奮冷めやらない様子で、こうおっしゃっていました。

「この神社をラブドールの聖地にしましょう!」

この依頼後、わたしはホームページの「人形供養」の項目に「ラブドールの御霊入れお祓い、供養」を追加しました。昨今、二次元やバーチャルなキャラクターに恋愛感情を抱く人の存在もめずらしいものではなくなっていると感じます。生身の女性や男性を愛せないことに引け目を感じている人もいるかもしれません。

わたしの役目は、困っている人を救うことです。ならば、ラブドールに魂を込めたいという願いだってかなえて笑顔になってもらいたいのです。

それからというもの、愛するラブドールに御霊入れをしてほしいという方が、遠方からも訪れるようになっています。

「他の神社では断られてしまった」

「気が引けて、頼みづらかった」

そのような男性たちが、五名ほどのお仲間同士でやってきたこともありました。

他の神社では対応できないといわれる事情もわからないではありません。だからこそ、照天神社ではお引き受けすることにしました。お役に立ててよかったなあとつくづく思っています。

御霊を入れた依頼者の「パートナー」と。

これからも御霊を救う宮司でありたい

神様に祈るということ

「娘を助けてください！」

十五年ほど前の十二月三十日の夜でした。けたたましく電話が鳴り、「娘がおかしくなり、占い師に相談したら、女の子の霊が憑いているから祓えば治ると言われた」といった主旨を母親が言いつのりました。

神主にとって年末はもっとも忙しい時期でしたが、「とにかく一刻も早く来てください！」と切羽詰まった様子でした。困っている人を見過ごすわけにはいきません。なんとか仕事を調整して、電話をくれた方のご自宅に向かいました。

夜の十一時頃に到着すると、ジャージを着てガリガリに痩せた二十代の女の子が家の中で血まみれになりながら、「苦しい、苦しい！」と言いながら暴れていました。

あきらかに尋常ではない様子で、わたしは女の子を取り押さえて、おろおろと見守るばかりの

母親に「なぜこんな状態になっているのに医者に見せないんだ！」と一喝しました。わたしは夜通し五時間かけて母親を説得し、病院に連れていき、治療に専念してもらいました。

女の子は心の病に冒されていたのです。

この母親は「お祓いをしてもらえば娘は治る」と頭から思い込んでいました。

わたしは神主であり、霊媒師でも霊能者でも、ましてや医者でもありません。

神秘的なパワーなんて、なにひとつ持ち合わせていません。

神様に祈るということは、「自分の苦しい壁を破るための誓いをする」ことです。

その「誓いのために努力をする人に、小さな力をくれる」のが、神様だとわたしは思っています。

照天神社の苦難の道のり

わたしが宮司になりたいと思ったのは中学生のときでした。歴史や哲学が好きで、だれかの役に立つような哲学を実践できる職業に就きたいと思ったのです。

ところがいざ神社界に飛び込み、とある神社の神職として働き始めると、パワハラに苦しめられる日々でした。

家柄重視と世襲制が残り、恐るべき長時間勤務と生活が成り立たないほどの薄給、当たり前のように暴力や罵声が飛び交う職場に、経済的、精神的に追い詰められたわたしは、八年後、うつ病になり、退社しました。

このままの神社界ではダメだと悟ったわたしは、自分が思い描くような理想の神社を一から作ろうと決意しました。そして、一九九一年、自分の家にあった古い祠に神様をお迎えし、当家所有の山の上の四坪に照天神社を建立(こんりゅう)しました。

照天神社は、不動産業の守護神・国之常立神(くにのとこたちのかみ)をお祀りする、日本で唯一の不動産の神社です。国之常立神以外にも、下照姫(したてるひめ)、天佐具賣(あめのさぐめ)、月読命(つくよみのみこと)の三柱(はしら)をお祀りしていて、下照姫と天佐具賣の二柱から「照」と「天」を一文字ずつもらい「照天」神社と命名しました。その後、紆余曲折を経て現在の土地に、新社殿と社務所、参拝者休憩所、住居を移しました。

不動産業の神様をお祀りしているということで、地鎮祭や上棟祭はもちろん、中古物件祈願や競売物件祈願、井戸を埋めるお祓い、稲荷神社撤去のお祓いなど、照天神社では不動産にまつわるあらゆる祈願、お祓いに対応するように努めました。

そして「少し長いはじめに」にも書いたように、独立してから十数年後、知人の知り合いの不動産屋さんが事故物件のお祓いに困っていたことをきっかけに、瑕疵物件・事故物件のお祓いを始めたのです。

これまで十八年間続けてきて、おそらく日本で一番多くの、孤独死や自殺現場のお祓い、供養をおこなってきました。

照天神社を建立後も、苦難の道のりは続きました。

神社界はほとんどといっていいほど世襲で受け継がれています。わたしのように神社の家の出ではなく、自分で神社を創建し、独立して活動する宮司というのは、極めてめずらしい存在なのです。

そのため、突然近隣に商売敵が現れたと思った周囲の神社から、いわれのない流言や誹謗中傷、嫌がらせ、数多くの妨害をされるなど、さまざまな壁や困難にぶつかりました。

特定の有名神社以外の収入が年々厳しくなる中で、神社ではめずらしく参拝者の悩みや相談に応じ、良心的な値段で祈禱をおこない、崇敬者と依頼者が増えていく照天神社は、他の神社にとって異端であり、脅威だったのでしょう。

それでも本年（二〇二三年）には、支援者のご協力もあり、オウム真理教の事件以降、新規の取得はむずかしいといわれる、宗教法人の法人格を得ることができました。

宮司の立場で寄り添いたい

このように、孤立しながらも奮闘するわたしは、まさに「はぐれ宮司」といえましょう。

しかし、わたしの掲げる目標、信念は一度もブレたことはありません。

苦しんでいる人々の力になりたい。みんなの支えになりたい。

苦しんでいる人たちに、幸せになってもらいたい。

わたしはそのために宮司になったのです。

どの神社もお断りするような事故物件のお祓いをしているのも、この信念ゆえです。わたしは今まで、自殺で亡くなった方のいる事故物件のお祓いを数多くおこなってきました。中には、パワハラを苦に自殺した方もいたでしょう。世間の不条理、無慈悲や冷酷さに直面し、心が壊れてしまった方もいたでしょう。うつ病を経験したわたし自身、彼らのような立場になっていた可能性が十分にあります。

とても他人事とは思えないのです。

生きている人であっても、死んでいる人であっても、苦しんでいる人のためなら、わたしは宮司という立場で話を聞いてあげたいと思っています。

そして、お祓いによって生きている人が笑顔になることが、わたしにとってなによりの幸せです。

わたしは今年六十三歳になりますが、週に一～二回、ボクシングジムに通い、外を走ったり、腕立て伏せや腹筋などの筋トレをしたりして、体を鍛えています。この習慣が三十年近く続いているというと驚かれますが、あらゆる困難に立ち向かうために、これからも筋肉と精神力を鍛え続けるつもりです。

病院に行った女の子はその後、すっかり元気になって、母親とともにわたしのところにやってきました。女の子は「宮司さん、ありがとうございました。あのときのことは覚えています」と笑顔で感謝を伝えてくれました。今日に至るまで、毎年正月になると母娘で照天神社に参拝に来てくれています。

なお、本書はわたしが見聞きしたこと、感じたことを記していますが、依頼者への配慮により、一部脚色を加えています。

最後になりましたが、照天神社を頼りにし、ご用命くださった方々及び、本書の刊行にご協力いただいた皆さまに厚く感謝申し上げます。

二〇二三年五月　照天神社にて

金子雄貴

[著者紹介]

金子 雄貴（かねこ　ゆうき）

宗教法人 照天神社 代表役員宮司1960（昭和35）年、東京都生まれ。國學院大学文学部神道学科卒業。照天神社宮司に就任後、わずか4坪の神社を寄付なしで240坪に拡張し社殿を建立。不動産のお社として日本全国から参拝者が来る神社にした。他の宗教者が嫌がる事故物件の現場や特異な依頼に真摯に向き合う宮司として活躍している。
メディア出演は、関西テレビ「稲川淳二の怪談グランプリ2021」、フジテレビ「アウト×デラックス」などのテレビ、ラジオ、書籍、雑誌のほか、YouTube「丸山ゴンザレスの裏社会ジャーニー」、YouTube「不動産投資の楽待」など多数。
◇宗教法人照天神社 ホームページ　https://teruten.info/
◇孤独死、自殺現場のお祓い　供養ホームページ　https://oharai.teruten.info/

マンガ・イラスト：沙さ綺ゆがみ
写真提供：金子雄貴
写真撮影：森 清（講談社写真部）
デザイン：平本祐子
編集協力：えいとえふ

1500件超の現場を浄化！
はぐれ宮司の 事故物件 お祓い事件簿

2023年6月6日　第1刷発行

著　者　金子雄貴
発行者　鈴木章一
発行所　株式会社 講談社
〒112-8001 東京都文京区音羽2-12-21
（販売）03-5395-3606
（業務）03-5395-3615

KODANSHA

編　集　株式会社 講談社エディトリアル
代　表　堺 公江
〒112-0013 東京都文京区音羽1-17-18
護国寺SIAビル6F
（編集部）03-5319-2171
印刷所　株式会社 新藤慶昌堂
製本所　株式会社 国宝社

N.D.C.916　175p　19cm
 ISBN978-4-06-532213-0